中华精神家园

民风根源

生之由来

生庚生肖与寿诞礼俗

肖东发 主编 张恩台 编著

中国出版集团

现代出版社

图书在版编目（CIP）数据

生之由来 / 张恩台编著. — 北京：现代出版社，
2014.9（2019.1重印）
ISBN 978-7-5143-2523-2

Ⅰ. ①生… Ⅱ. ①张… Ⅲ. ①诞辰－风俗习惯－介绍
－中国②十二生肖－文化－介绍 Ⅳ. ①K892.21

中国版本图书馆CIP数据核字(2014)第217276号

生之由来：生庚生肖与寿诞礼俗

主　　编：肖东发
作　　者：张恩台
责任编辑：王敬一
出版发行：现代出版社
通信地址：北京市定安门外安华里504号
邮政编码：100011
电　　话：010-64267325 64245264（传真）
网　　址：www.1980xd.com
电子邮箱：xiandai@cnpitc.com.cn
印　　刷：三河市华晨印务有限公司
开　　本：710mm×1000mm　1/16
印　　张：10
版　　次：2015年4月第1版　2021年3月第4次印刷
书　　号：ISBN 978-7-5143-2523-2
定　　价：29.80元

党的十八大报告指出："文化是民族的血脉，是人民的精神家园。全面建成小康社会，实现中华民族伟大复兴，必须推动社会主义文化大发展大繁荣，兴起社会主义文化建设新高潮，提高国家文化软实力，发挥文化引领风尚、教育人民、服务社会、推动发展的作用。"

我国经过改革开放的历程，推进了民族振兴、国家富强、人民幸福的中国梦，推进了伟大复兴的历史进程。文化是立国之根，实现中国梦也是我国文化实现伟大复兴的过程，并最终体现为文化的发展繁荣。习近平指出，博大精深的中国优秀传统文化是我们在世界文化激荡中站稳脚跟的根基。中华文化源远流长，积淀着中华民族最深层的精神追求，代表着中华民族独特的精神标识，为中华民族生生不息、发展壮大提供了丰厚滋养。我们要认识中华文化的独特创造、价值理念、鲜明特色，增强文化自信和价值自信。

如今，我们正处在改革开放攻坚和经济发展的转型时期，面对世界各国形形色色的文化现象，面对各种眼花缭乱的现代传媒，我们要坚持文化自信，古为今用、洋为中用、推陈出新，有鉴别地加以对待，有扬弃地予以继承，传承和升华中华优秀传统文化，发展中国特色社会主义文化，增强国家文化软实力。

浩浩历史长河，熊熊文明薪火，中华文化源远流长，滚滚黄河、滔滔长江，是最直接的源头，这两大文化浪涛经过千百年冲刷洗礼和不断交流、融合以及沉淀，最终形成了求同存异、兼收并蓄的辉煌灿烂的中华文明，也是世界上唯一绵延不绝而从没中断的古老文化，并始终充满了生机与活力。

中华文化曾是东方文化摇篮，也是推动世界文明不断前行的动力之一。早在500年前，中华文化的四大发明催生了欧洲文艺复兴运动和地理大发现。中国四大发明先后传到西方，对于促进西方工业社会的形成和发展，曾起到了重要作用。

中华文化的力量，已经深深熔铸到我们的生命力、创造力和凝聚力中，是我们民族的基因。中华民族的精神，也已深深植根于绵延数千年的优秀文化传统之中，是我们的精神家园。

总之，中华文化博大精深，是中国各族人民五千年来创造、传承下来的物质文明和精神文明的总和，其内容包罗万象，浩若星汉，具有很强的文化纵深，蕴含丰富宝藏。我们要实现中华文化伟大复兴，首先要站在传统文化前沿，薪火相传，一脉相承，弘扬和发展五千年来优秀的、光明的、先进的、科学的、文明的和自豪的文化现象，融合古今中外一切文化精华，构建具有中国特色的现代民族文化，向世界和未来展示中华民族的文化力量、文化价值、文化形态与文化风采。

为此，在有关专家指导下，我们收集整理了大量古今资料和最新研究成果，特别编撰了本套大型书系。主要包括独具特色的语言文字、浩如烟海的文化典籍、名扬世界的科技工艺、异彩纷呈的文学艺术、充满智慧的中国哲学、完备而深刻的伦理道德、古风古韵的建筑遗存、深具内涵的自然名胜、悠久传承的历史文明，还有各具特色又相互交融的地域文化和民族文化等，充分显示了中华民族的厚重文化底蕴和强大民族凝聚力，具有极强的系统性、广博性和规模性。

本套书系的特点是全景展现，纵横捭阖，内容采取讲故事的方式进行叙述，语言通俗，明白晓畅，图文并茂，形象直观，古风古韵，格调高雅，具有很强的可读性、欣赏性、知识性和延伸性，能够让广大读者全面接触和感受中国文化的丰富内涵，增强中华儿女民族自尊心和文化自豪感，并能很好继承和弘扬中国文化，创造未来中国特色的先进民族文化。

2014年4月18日

古老属相——十二生肖

祝福双全——寿诞礼俗

生肖指的是人所生年份的属相，一共有12个，统称十二属相或十二相属，分别用12种动物鼠、牛、虎、兔、龙（传说中的）、蛇、马、羊、猴、鸡、狗、猪来代表。12种动物又同十二地支两两相配，即子为鼠，丑为牛，寅为虎，卯为兔，辰为龙，巳为蛇，午为马，未为羊，申为猴，酉为鸡，戌为狗，亥为猪。

我国生肖文化历史悠久，内容丰富，两两相对，民俗气息浓郁，是最具有大众基础、辐射性广、凝聚力强的传统文化之一，具有丰富的内涵。

古老属相

十二生肖

传说玉皇大帝给动物排名次

■玉皇大帝像

相传玉皇大帝在天上待得久了，不免有些烦闷，就想在百兽中举行竞赛选出12种动物作为代表。于是，他派神仙下凡跟动物们说了这件事，又定了时间在卯年卯月卯日卯时到天宫来竞赛，并说来得越早排名越前，后面的排不上。

那个时候，猫和老鼠还是好朋友，猫爱睡觉，但它也想被选上，所以就叫老鼠到时候叫它。可是老鼠一转头就忘记了。老鼠去找来老牛，说老牛起得早、跑得快，请老牛到时候带着他一起

■十二生肖铜像

去。老牛答应了。

当时的龙是没有犄角的，而鸡是有犄角的。龙跟鸡说，鸡已经很漂亮了，就用不着犄角来装饰了，龙的意思是想让鸡把犄角借给它。

鸡一听龙的奉承，就很高兴地借了犄角给龙，并让龙在竞选后记得按时还它。龙满口答应下来。

快到卯年卯月卯日卯时了，众动物纷纷赶向天宫。这时的猫还在睡觉，而老鼠却坐在牛背上一直到达天庭。但到了天庭，老鼠却"蹭"地一跳，抢在了老牛的前面。

玉皇大帝说老鼠最早到，就让老鼠排第一，老牛排第二。随后，老虎排第三，兔子排第四。龙来得很晚，但龙的个儿大，玉皇大帝一眼就看到了龙，就叫龙过来，让漂亮的龙排第五，还让龙的儿子排第六。

这时龙很失望，因为它儿子今天没来。这时，后

天宫 道教认为玉皇为众神之王，在道教神阶中地位极高，神权最大。道经中称其居住昊天金阙弥罗天宫，也就是天宫，天宫横纵以天罡、地煞之数排列天宫、宝殿主要建筑共计108座左右。

龙 在我国古代神话与传说中，是一种神奇动物，具有九种动物合而为一之九不像的形象，为兼备各种动物之所长的异类。传说其能显能隐、能细能巨、能短能长。上下数千年，龙一直是华夏民族的代表！是中国的象征！

面的蛇跑来说龙是自己的干爸，于是蛇排了第六。

这时，马和羊也到了，它们都礼让对方排在自己前面。玉皇大帝看马和羊这么有礼貌，就让它们排了第七和第八。

猴子本来排在第三十位左右的，可是它凭自己善跳跃的本领，一下蹦到天上拉来云朵，飘到了前面，结果排在了第九。紧接着，鸡狗猪也先后被选上。

竞赛结束了，这时的懒猫才刚醒。猫知道了老鼠耽误了自己，就满世界地追着老鼠，从此誓不两立。

龙在竞赛结束后来到大海边，看到自己有了犄角，比以前漂亮多了，就不准备把犄角还给鸡了。为了躲鸡，他从此在世间消失。

■十二生肖面塑

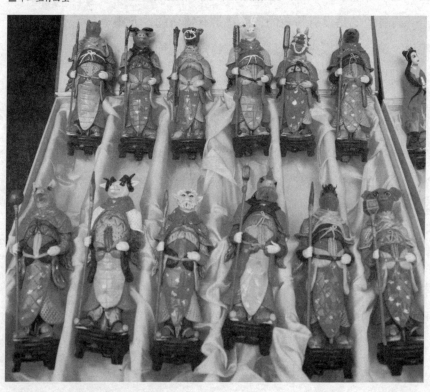

■ 十二生肖剪纸

鸡很气愤，从此以后，它天天一大早起来对着大海喊："快还我！快还我！"母鸡就跟着喊："快还它！快还它！"小鸡也叫："还！还！"

在民间传说中，关于十二生肖动物的排序，还有另一个广为流传的版本。

据说有一年，玉皇大帝过生日，下令让所有的动物在正月初九这天前来祝寿，并决定按前来祝贺生日的报到顺序选定十二种动物，作为通往上天之路的守卫，并按年轮流值班。

在当时，老鼠和猫是邻居，猫在平时常常欺负老鼠，老鼠对猫也是敢怒而不敢言。老鼠接到玉皇大帝下的令后，知道猫有个贪睡的毛病，便心中窃喜：报复猫的机会终于来了。

猫也接到了玉皇大帝的命令，它知道自己贪睡，就叩响了老鼠家门，请求老鼠去给玉皇大帝祝寿时叫

古老属相

十二生肖

玉皇大帝 简称"玉皇"或"玉帝"，居住在玉清宫。道教认为玉皇为众神之王，在道教神阶中修为境界不是最高，但是神权最大。玉皇大帝除统领天、地、人三界神灵之外，还管理宇宙万物的兴隆衰败、吉凶祸福。在中华文化中，玉皇大帝被视为宇宙的无上主宰，地球内三界、十方、四生、六道的最高统治者。

■十二生肖玉玺

寓言 是文学作品的一种体裁，常带有讽刺或劝诫的性质，用假托的故事或拟人手法说明某个道理或教训。寓言以比喻性的故事寓意蕴味深长的道理，给人以启示。寓言早在我国春秋战国时代就已经盛行。在先秦诸子百家的著作中，经常采用寓言阐明道理，保存了许多当时流行的优秀寓言，如：《自相矛盾》、《郑人买履》、《守株待兔》、《刻舟求剑》、《画蛇添足》等。

醒自己一同前往，老鼠满口答应下来。为了报复猫，到了正月初九的清晨，老鼠便悄悄地独自出发了。

老鼠虽然起得很早，跑得也很快，但到了宽宽的河边，面对着滔滔的河水，它发愁了，只好坐在河边等着其他动物渡河时，跳到它们的背上借力渡河。老鼠等了好一会儿，终于等到了一向早起的老牛。

老牛慢悠悠地走到河边，泅入水中，向对岸游去。这时，老鼠趁机跳到老牛的耳朵里。老牛知道老鼠钻进了自己的耳朵，但它一贯以憨厚著称，善于助人为乐，因此它对老鼠这种投机行为毫不在意。

泅渡过河后，老鼠觉得躺在牛耳朵里既舒服又省力，因此也没有跳下来的意思。天近午时，牛载着老鼠到了玉帝的家门外。

就在牛刚要进门时，老鼠迫不及待地从牛耳朵里窜出来，抢先跳到了玉帝面前。

就这样，老鼠取得了第一名。而载了它一路的老牛，却获得第二名。

稍后，老虎、兔、龙、蛇、马、羊、猴、鸡、狗也陆续到达。猪虽然有些笨拙，但也按时到达，名列第十二名。

玉帝按它们报到的先后次序，一一赐封它们为每年的轮值生。十二生肖的顺序就这样确定下来了。

正月初十，天还没有亮，熟睡了几天的猫终于醒了。它知道自己睡了很长时间，就趁黑上路了。猫一路上很得意，因为它没有发现一个动物出现。来到了玉帝门前，猫一边敲门，一边高喊："玉帝，猫来报到了！"

前来开门的人一听，哈哈大笑，对猫说："你真是一只大笨猫，你已经迟来一天了，还是回去洗洗脸，清醒清醒脑子吧！不要老是一副睡不醒的样子，把玉帝的指令都抛在脑后。"这时的猫已经估计到了整个事情的经过，想到老鼠竟敢食言，气得长须倒竖，杏眼圆睁，真是愤怒到了极点。

从此以后，猫与老鼠结下了不解的怨仇，发誓一见到老鼠定要把它咬死，大有不吃尽天下老鼠誓不罢休的气概。

关于十二生肖的排列，还有各种传说，这类故事，或似开心解闷的笑谈，或似贬恶扬善的寓言，文学成分较浓。但是，生肖座次的排定，绝非一朝一夕，也不是一代人所能完成的。最初未必就是一次提名12种，也许只有四五个，也许曾有过超额的局面，后来优胜劣汰，定额定员并定位了，一直传至今日。

阅读链接

在十二生肖中除了龙都是现实中有的动物，为什么古人会把不存在的龙排在十二生肖中，这与原始社会形成的龙图腾信仰有关。

龙，是中华民族的象征，是集许多动物的特性于一体的"人造物"，是人们想象中的"灵物"。龙代表富贵吉祥，是最具象征色彩的吉祥动物。

龙作为一种文化的凝聚和积淀，已扎根和深藏于我们每个人的潜意识里，龙文化的审美意识已渗透入了我国社会文化的各个领域、各个方面。因此，生肖中更少不了龙的位置。

干支纪时与生肖的寓意

　　那是在原始时代，我们的祖先们体验着寒暑交替的循环往复。后来，人们发现月亮按照一定的规律盈亏变化，发现十二次月圆为一岁。这一发现，是初期历法成果之一，"十二"便被视为传达天意的

■十二生肖星宿太极雕刻

"天之大数"。

根据我国古老的阴阳八卦观，天为阳，地为阴，天乾而地坤。以天为主、地为从者古已有之。天有十位，谓之天干，又称十母，即甲、乙、丙、丁、戊、己、庚、辛、壬、癸；与之相对应的，地有十二位，谓之地支，又称十二子，即子、丑、寅、卯、辰、巳、午、未、申、酉、戌、亥。

■十二生肖五行图

后来，我们的祖先便根据太阳升起的时间，将一昼夜区分为12个时辰，并采用十二地支纪时法来记录，每个时辰相当于现在两个小时，这样，一昼夜便是后来所称的24个小时。同时，在观天象的时候依照12种动物的生活习惯和活动的时辰，确定十二生肖。

夜间11时至次日凌晨1时，属子时，正是老鼠趁夜深人静，频繁活动之时，称"子鼠"。

凌晨1时至3时，属丑时。牛习惯夜间吃草，农家常在深夜起来挑灯喂牛，故称"丑牛"。

凌晨3时至5时，属寅时。此时昼伏夜行的老虎最凶猛，古人常会在此时听到虎啸声，故称"寅虎"。

清晨5时至7时，属卯时。天刚亮，兔子出窝，喜欢吃带有晨露的青草，故为"卯兔"。

早晨7时至9时，属辰时。此时一般容易起雾，传

八卦 表示世间万物变化规律的阴阳系统，用"—"代表阳，用"--"代表阴。用3个这样的符号，按照大自然的阴阳变化进行平行组合，组成八种不同形式，叫作八卦。乾代表天，坤代表地，震代表雷，巽代表风，坎代表水，离代表火，艮代表山，兑代表泽。

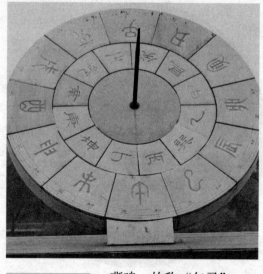
■十二生肖排列罗盘

说龙喜腾云驾雾，又值旭日东升，蒸蒸日上，故称"辰龙"。

上午9时至11时，属巳时。大雾散去，艳阳高照，蛇类出洞觅食，故作"巳蛇"。

中午11时至1时，属午时。古时野马未被人类驯服，每当午时，四处奔跑嘶鸣，故称"午马"。

午后1时至3时，属未时。有的地方称此时为"羊出坡"，意思是放羊的好时候，故称"未羊"。

下午3时至5时，属申时。太阳偏西了，猴子喜在此时啼叫，故为"申猴"。

下午5时至7时，属酉时。太阳落山了，鸡在窝前打转，故称"酉鸡"。

傍晚7时至9时，属戌时。人劳碌一天，闩门准备休息了。狗卧门前守护，一有动静，就汪汪大叫，故为"戌狗"。

夜间9时至11时，属亥时。夜深人静，能听见猪拱槽的声音，于是称作"亥猪"。

就这样，一天的时辰和动物搭配就排列了下来：子与鼠、丑与牛、寅与虎、卯与兔、辰与龙、巳与蛇、午与马、未与羊、申与猴、酉与鸡、戌与狗、亥与猪。后来人们把这种纪时法用于纪年，就出现了

时辰 我国古时把一天划分为12个时辰，每个时辰相当于现在两个小时。相传古人根据我国十二生肖中的动物的出没时间来命名各个时辰。西周时就已使用十二时辰制。汉代命名为夜半、鸡鸣、平旦、日出、食时、隅中、日中、日昳、晡时、日入、黄昏、人定。

十二生肖。对于12种动物配十二时辰，还有一类似的说法。这一说法两两相对，六道轮回，体现了我们祖先对我们全部的期望及要求。

据说天地生成于子时，生之初，没有缝隙，气体跑不出来，物质无法利用，被老鼠一咬，出了缝隙，才使气体跑出来，物质便能利用了。老鼠有打开天体之神通，子时就属鼠了。老鼠打开了天地之缝，牛便出来耕耘土地，于是丑时就属牛了。

传说人生于寅，"寅"字有敬畏之意，古时人最怕老虎，寅时便属虎了。卯时已经进入清晨，但太阳还没有出来，照亮大地的还是月亮，而月宫中唯一的动物是"玉兔"，于是卯时便属兔。

传说辰时正是群龙行雨的时候，此时自然属龙了。蛇善于利用草掩藏其行踪，据说巳时蛇不在人行走的路上游动，不能伤人，所以巳时属蛇。

午时阳气达到极限，阴气刚欲产生，马跑离不开地，是属阴类动物，故午时属马。传说羊吃了未时的草，并不影响草的再生，未时就属羊了。

申时的"申"有"伸"的意思，而猴子最善于伸屈攀登，故申时属猴。酉时鸡开始归窝，此时当属鸡。

戌时天渐渐黑了，狗开始"工作"，看家望门护

■十二生肖排列剪纸

六道 佛学术语，指有情生活、轮回于其中的六个界别，即天道、阿修罗道、人道、畜生道、饿鬼道、地狱道。此中上三道，为三善道，因其业力较善良故；下三道为三恶道，因其业力较惨恶故。一切众生皆在此六道中轮回。轮回理论是佛教的基本理论之一。

古老属相

十二生肖

■ 十二生肖黄石摆件

君子和而不同
出自《论语·子路》，是孔子所言："君子和而不同，小人同而不和。"君子在人际交往中能够与他人保持一种和谐友善的关系，但在对具体问题的看法上却不必苟同于对方。小人习惯于在对问题的看法上迎合别人的心理、附和别人的言论，但在内心深处却并不抱有一种和谐友善的态度。

院，这时就属狗。亥时已入夜，万物寂静，天地混沌，而猪和天地混沌一样，除"吃"以外一无所知，亥时自然就属猪了。

第一组为鼠和牛。鼠代表智慧，牛代表勤劳。两者一定要紧密地结合在一起，如果只有智慧不勤劳，就变成了小聪明，光是勤劳，不动脑筋，就变成了愚蠢。所以两者一定要结合，这是我们的祖先对于第一组的期望和要求，也是最重要的一组。

第二组是老虎和兔子。老虎代表勇猛，兔子代表谨慎。两者一定要紧密地结合在一起，才能做到所谓的胆大心细。如果勇猛离开了谨慎，就变成了鲁莽，而一味的谨慎就变成了胆怯。这一组也很重要，所以放在第二位。

第三组是龙和蛇。龙代表刚猛，蛇代表柔韧。所谓刚者易折，太刚了容易折断；过柔易弱，太柔了就容易失去主见，所以刚柔并济是我们历代的祖训。

第四组是马和羊。马代表一往无前，向目标奋进，羊代表团结和睦。中华民族是一个大家庭，我们更需要团结和睦的内部环境，只有集体的和谐，我们才能腾出手追求各自的理想。如果一个人只顾自己的利益，不注意团结、和睦，必然会落单。所以，个人的奋进与集体的和睦必须紧紧结合在一起。

第五组是猴子和鸡。猴子代表灵活，鸡定时打鸣，代表恒定。灵活和恒定一定要紧紧结合起来。如果你光灵活，没有恒定，再好的策略最后也得不到收获。只有它们之间非常圆融的结合，一方面具有稳定性，保持整体的和谐和秩序，另一方面又能不断变通地前进。

最后是狗和猪。狗代表忠诚，猪代表随和。一个人如果太忠诚，不懂得随和，就会排斥他人。而反过来，一个人太随和，没有忠诚，这个人就失去原则。所以无论是对一个民族或国家的忠诚、对团队的忠诚，还是对自己理想的忠诚，一定要与随和紧紧结合在一起，这样才容易真正保持内心深处的忠诚。这就是我们一直坚持的外圆内方，"君子和而不同"。

每个人都有属于自己的生肖，我们的祖先期望我们要圆融，不能偏颇，要求我们懂得从对应面切入。比如属猪的人能够在他的随和本性中，去追求忠诚。而属狗的人则在忠诚的本性中，做到随和。

013

古老属相

十二生肖

阅读链接

我国古代许多民族都有动物信仰。比如白族的虎氏族认为，他们的始祖为雄性白虎，虎也不会伤害他们。出远门时要选在属虎的那天，认为只有这样，做事才会吉祥如意。回家时也一定要算准日期，只有虎日才进门槛。

白族的鸡氏族则传说，他们的祖先是从金花鸡的蛋里孵化出来的，认为公鸡知吉凶，会保佑他们。在迁徙时，将东西装在背箩里，上面放一只公鸡。到达新迁地区后，公鸡在什么地方叫，表明这个地方最吉利，于是就在这里安家。

十二生肖之首的子鼠

　　相传那是在我国上古时期，轩辕黄帝定下了12个生肖的顺序。其中老鼠排在第一，占据连接着昨日与今日的子时。

　　十二生肖动物的足趾或为单数，或为双数，只有鼠的前爪为四趾，后爪为五趾。古人以奇数为阳，偶数为阴，鼠阴阳齐备，前爪体

■精美的老鼠摆件

现"昨日之阴"，后爪象征"今日之阳"。鼠与子时密不可分，况且夜半时分正是老鼠最活跃的时候。于是，鼠就占了十二生肖动物的榜首。

■ 十二生肖鼠像

对于鼠占子时，清初刘献廷撰的笔记丛刊《广阳杂记》说，上古的时候，天地混沌一片，是鼠在子时咬破混沌，使天地分开，建此创世奇功，于是鼠名列十二生肖之首，自然当之无愧。

种种传说，虽然都难以为凭，但老鼠机警、狡诈而又运气好的形象，却丰富了民俗文化。

在民俗文化中，老鼠被称为仓神，号为"大耗星君"。农历正月二十五日是填仓节，又称天仓节。填仓节这天，粮商米贩都要祭"仓神"。

相传很久以前，北方曾大旱三年，赤地千里。一位看守粮仓的官吏于心不忍，开仓救民，然后在正月二十五日放火烧仓，自己也在烈火中结束了生命。

人们为了纪念这位为老百姓献身的无名氏仓官，就在正月二十五这一天，北方家家户户在院里或打谷场用筛过的炊灰，撒出一个个粮囤状的灰圈，内放五谷杂粮，并在其上覆盖瓦片，意即填满粮仓。

传说填仓节这天是老鼠嫁女的日子。老鼠嫁女这一日忌开启箱柜，怕惊动老鼠。前一天晚上，儿童将

填仓节 时间是正月二十五，是汉族民间一个象征新年五谷丰登的节日。"填仓节"因"填"与"天"谐音亦称为"天仓节"，民间有老天仓与小天仓之分。有的说天仓节是祭星之日，有的说是为祭土地或祭磨神。所谓填仓，意思是填满谷仓。

剪纸 汉族传统的民间工艺。它源远流长，经久不衰，是我国民间艺术中的瑰宝，那些质朴、生动有趣的艺术造型，有着独特的艺术魅力。其特点主要表现在空间观念的二维性、线条与装饰、写意与寓意等许多方面。

糖果、花生等放置阴暗处，并将锅盖簸箕等物大敲大打，为老鼠催妆。第二天早晨，将鼠穴闭塞，认为从此以后老鼠可以永远绝迹。

还有的地区在老鼠娶妇日，很早就上床睡觉，也为不惊扰老鼠，俗谓"你扰它一天，它扰你一年"。

历史上过老鼠嫁女节，一般是在正月二十五晚上。当天晚上，家家户户都不点灯，全家人坐在堂屋炕头，一声不响，摸黑吃着用面做的"老鼠爪爪"等食品，不出声音是为了给老鼠嫁女提供方便，以免得罪老鼠，给来年带来隐患。

我国台湾的居民认为初三为小年，传说初三晚上是老鼠结婚日，所以深夜不点灯，在地上撒米、盐，人要早点上床，不影响老鼠的喜事。台湾民间剪纸中的"老鼠娶亲"就是这种信仰的反映。

古人并不讨厌老鼠，而老鼠也不讨人厌，可以说

■十二生肖鼠像陶瓷

生之由来

生庚生肖与寿诞礼俗

是和平共处，相得益彰。清代举人徐珂在他的清代掌故遗闻汇编《清稗类抄》中记载：

> 盐城有何姓才是其家主人，自以为本命肖鼠也，乃不畜猫，见鼠，辄禁人捕。久之，鼠大蕃息，日跳梁出入，不畏人。

■圆明园十二生肖鼠像

旧时上海一带有避老鼠落空的习俗。老鼠外出觅食，失足落地，称为"老鼠落空"，据说见者多为不吉利，非病即灭，必须禳解。其方法是沿街乞讨白米，谓百家米，回家用以煮饭，食后便可化解。

湖北江汉平原一带将小年夜看作老鼠嫁女日，俗称"鼠添箱"。那一天，家家要将插上花的面饼放在暗处，禁止舂米、磨面，大人小孩不准喧哗，如果惊动了老鼠，来年它就会捣乱。

在青海的一些地区有"蒸瞎老鼠"的风俗。每年农历正月十四这一天，家家户户用面捏成12只老鼠，不捏眼睛，然后用蒸笼蒸熟，待元宵节时摆上供桌，并点上灯烧香，乞求老鼠只食草根，勿伤庄稼，以保本年丰收。

农历正月第一个子日，朝鲜族在这一天要进行熏鼠火民俗活动。农家的孩子们在田埂上撒下稻草并点

炕 又称火炕，或称大炕，是北方居室中常见的一种取暖设备。古时满族人也把它引入了皇宫内。盛京皇宫内多设火炕，而且一室内设几铺，这样既解决了坐卧起居问题，又可以通过如此多的炕面散发热量，保持室内较高的温度。东北人睡火炕的历史，至少有千年以上。

燃，以达到烧除杂草并驱赶田鼠的目的。

这一项民俗活动，有利于灭鼠、灭虫，草木灰还可以肥田。另外，子日属鼠，在这一天燃一把熏鼠火，其象征性使人们得到了心理上的满足。

老鼠嫁女之日，并非全定在正月二十五日，有的地方是正月初十，这一夜还必须点灯，为鼠照明。比如浙江金华一带，旧时以二月初二为老鼠嫁女日，这一天家家爆炒黄豆，拌以红糖，撒于屋隅。

老鼠嫁女，一向是我国民间年画或剪纸的传统题材，鼠新郎、鼠新娘以及鼠傧相、宾客等，一如人间的场面，虽然无不尖嘴细腿，却都穿红衫着绿裤，摇摇摆摆，结队成行，隆重而滑稽。

鼠与人类的生活，千丝万缕地纠缠在一起，鼠文化自然在人类日常生活的方方面面不加掩饰地呈现出来，鼠文化使鼠变得越来越可爱，越来越神秘。

生之由来

生肖生肖与寿诞礼俗

阅读链接

唐代文学家柳宗元的《永某氏之鼠》，记载了这样一个故事：永州某人禁忌很多，因为属鼠，所以敬鼠如神，家里不许养猫，也禁止仆人灭鼠。于是老鼠一传十，十传百，都到他家来，结果把他家里闹翻了天，家里没有一样完整的东西，白天老鼠也出来活动。这个人后来搬到别的州去了，新来的主人对老鼠就不那么客气了。

故事告诉人们：凡是害人的东西，即使一时可以找到"保护伞"，但这种庇护是不可能长久的，最终还是没有好下场。

代表勤劳与朴实的丑牛

古人向来有"残冬出土牛送寒气"的习俗。每年的立春这一天，人们就怀着期盼已久的心情准备迎接春天了。两汉时期，这一习俗被确定为在立春这天举行土牛迎春仪式。

当日清晨，京城百官都着青衣、戴青帽、立青幡，送土牛于城门外。官员执鞭击土牛，以示劝农，各郡县也举行同样的仪式。随后，百姓哄抢碎牛的散土，说牛肉"兼辟瘟疫"。争来抢去，成了一个热热闹闹的节日，谓之"鞭春""鞭牛"。

立春用土牛祈祷丰收的习俗，经两汉入唐至两宋，越来越丰富多彩。汉

圆明园十二生肖牛像

句芒 或名句龙，我国古代神话中的木神，也叫春神，主管树木的发芽生长，少昊的后代，名重，为伏羲臣。太阳每天早晨从扶桑上升起，神树扶桑归句芒管，太阳升起的那片地方也归句芒管。句芒在古代非常非常重要，每年春祭都有份。

时，立土牛六头于国都郡县城外丑地，以送大寒。丑的方位在北方偏东，十二生肖配十二地支，牛为丑，故立土牛于丑位为最佳方位。

到宋代，四门都开，各出土牛，牛身饰彩，鼓乐相迎，由人装扮成主管草木生长的"句芒神"鞭打春牛。地方官行香主礼，一方面宣告包括农事在内的一年劳作开始，一方面祈祷当年的丰收。

皇宫中也举行"鞭春"的仪式，由皇帝主礼。京城的街市上多有泥制小春牛出卖，于是春牛不仅是迎春仪式上的主角，也成了新春之际的吉祥物。唐代诗人元稹《生春二十首》诗中说：

■生肖牛铜像

鞭牛县门外，
争土盖春蚕。

先"鞭"而后"争"，是古代送冬寒迎新春风俗的组成部分。鞭春牛又称鞭土牛，起源较早。《周礼·月令》中记载说：

出土牛以送寒气。

这一习俗被一直保留下来，但改在春天，唐、宋两代最兴盛，尤其是宋仁宗颁

■传统习俗鞭春牛

布《土牛经》后，鞭土牛风俗传播更广，以至成为民俗文化的重要内容。

至清代，据清康熙《济南府志·岁时》记载：

> 凡立春前一日，官府率士民，具春牛、芒神，迎春于东郊。作五辛盘，俗名春盘，饮春酒，簪春花。里人、行户扮为渔樵耕诸戏剧，结彩为春楼，而市衢小儿，着彩衣，戴鬼面，往来跳舞，亦古人乡傩之遗也。立春日，官吏各具彩仗，击土牛者三，谓之鞭春，以示劝农之意焉。为小春牛，遍送缙绅家，及门鸣鼓乐以献，谓之送春。

鞭春牛的意义，不限于送寒气，促春耕，也有一

《土牛经》明代周履靖辑著。据传其最初为宋仁宗颁布。实际内容分4个部分，通过牛的颜色、赶牛人的衣服、赶牛人在牛的前后左右位置、牛的缰索质地颜色，来顺应天干地支、阴阳五行，以达到吉祥。顺应天意以得到丰收祥瑞。

巫术 是企图借助超自然的神秘力量对某些人、事物施加影响或给予控制的方术。"降神仪式"和"咒语"构成巫术的主要内容。巫术分为黑巫术和白巫术，黑巫术是指嫁祸于别人时施用的巫术，白巫术则是祝吉祈福时施用的巫术，故又叫吉巫术。

定的巫术意义。山东民间要把土牛打碎，人人争抢春牛土，谓之抢春，以抢得牛头为吉利。浙江境内迎春牛的特点是，迎春牛时，依次向春牛叩头，拜完，百姓一拥而上，将春牛弄碎，然后将抢得的春牛泥带回家撒在牛栏内。经过迎春的春牛土，撒在牛栏内可以促进牛的繁殖。

古人认为牛拥有"五行"中土属性和水属性的神力，是风调雨顺、国泰民安的象征。五行中讲水能生木，所以牛的耕作能促进农作物生长，又讲土能克水，所以古人们在治水之后，常设置铜牛、铁牛以镇水魔。在我国各地都有相应的实物证据。

比如闻名遐迩的黄河铁牛，也叫作开元铁牛、唐代铁牛，位于永济城西15千米，蒲州城西的黄河古道两岸，各4尊。8尊大铁牛各长3米多，最重的一头4.5万千克，一方面作为地锚拉住桥上铁索，另一方面，古人认为"牛象坤，坤为土，土胜水"，于是以牛镇水求安澜，其中的4尊铁牛已经被发现。

我国的古人还认为，"牛年马年好耕田"，牛年通常风调雨顺。旧时的黄历，多印有十二生肖图，并标明几牛耕田、几龙治水之类的话。

每年的第一个丑日在正

■花丝镶嵌生肖牛

■黄河铁牛

月初几，就是几牛耕田；第一个辰日在正月初几，就是几龙治水。比如某一年正月初一是辰日，初十是丑日，即"一龙治水，十牛耕田"。

按民间说法，治水的龙越多，雨水越少，龙越少反而雨水充沛。牛却相反，本是勤奋和财富的象征，自然是多多益善。由此看来，这一年就是个好年头。

牛是人类最早驯化的动物之一，我国的山西、河南、四川等地，都出土过在5000年左右出现的水牛遗骸化石。据说，黄帝的臣子胲能驾牛，也有说少昊时人开始驾牛。黄帝、少昊都是远古传说时代的部落首领，彼时尚未进入青铜器时代，不可能有金属农具，因此用牛耕田还不可能。所谓驾牛，大概是驱牛负重或载人。

据记载，商部族的祖先王亥，曾赶着牛群到河北，与有易氏进行贸易，足见远古时代畜牧业之发

少昊（前2598—前2525），相传少昊是黄帝之子，是远古时羲和部落的后裔，华夏部落联盟的首领，同时也是东夷族的首领。我国"五帝"之首，中华民族的共祖之一，为早期华夏文明奠定了坚实的基础，华夏文化传承自羲和文化，羲和文化是华夏文化的主要源泉。

殷商 也就是商朝,是我国历史上的第二个朝代,是我国第一个有直接的同时期的文字记载的王朝。夏朝诸侯国商部落首领商汤率诸侯国于鸣条之战灭夏后在商丘建立商朝。甲骨文和金文的记载是目前已经发现的我国最早的成系统的文字符号。在商时期的长江流域也平行存在着发达的非中原文明。

达。江西新干出土的商代铧犁,将有证可查的牛耕历史,从春秋提高到商代,牛用来耕田至少是3000年前的事了。

殷商甲骨文中,已出现"犁"字,其形颇似牛引犁头启土,可见牛耕已较常见。农业进入畜牧阶段,无疑是生产力的一次革命。牛耕至今尚未绝迹,在偏远山区间或负重引车,可见牛还没完全脱离农事。

《周礼·地官》记养牛的官职是"牛人","凡祭祀,供其享牛"。当时的牛,主要用来做运输以及祭祀、食用。所谓"牛夜鸣则疫",如果牛夜里鸣,那是牛生病了,肉会有臭味。《三国志·魏书·武帝纪》首次提到曹操破袁绍之后:"授土田,官给耕牛,置学师以教之。"说明当时已用牛耕田。

牛在我国文化中是勤劳的象征。古代就有利用牛拉动耕犁整地,后来人们知道牛的力气巨大,开始有各种不同的应用,在农耕、交通甚至军事领域都广泛运用。

战国时代的齐国还使用火牛阵打败燕国,三国时

■犁地彩绘砖

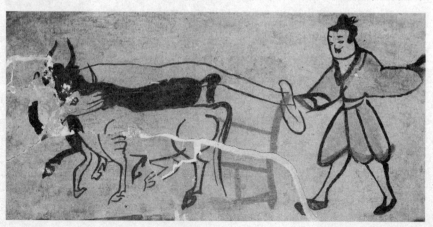

代蜀伐魏的栈道运输也曾用到牛。在宋代，私自宰杀牛是犯法的，《宋史》曾记载天长县令包拯审判一盗割牛舌者又来告人家私宰耕牛。

牛在农耕中所起的重大作用，推动了人类文明的发展。人类感谢与自己共同创造文明史的伙伴，因此牛崇拜由来已久。

早在战国时期，秦国就曾立怒特祠祭祀神牛。我国56个民族大都有牛崇拜的习俗，有关牛的神话传说更是不胜枚举。

■生肖牛像

纳西族、塔吉克族、维吾尔族、哈萨克族、柯尔克孜族、撒拉族及哈尼族，都有神牛创世的神话。塔吉克人认为，人类生活的世界由一头神牛顶着，人若干坏事，神牛会抖动牛毛或犄角发出警告，于是发生地震之灾。

维吾尔族传说，大地是被一头公牛的一只角支撑着，公牛由一只特大的乌龟驮着，浮在水面上，牛感到劳累时，就把大地从一只角换到另一只角上，这时就会发生地震。柯尔克孜人也持此说，他们常常为牛祈祷，愿它永远强壮，少发地震。

苗族最大的天神"勾莒"有两组群体神，一组是19个水牛天神，一组是15个黄牛天神，掌管着人间的吉凶祸福。苗族人对牛情有独钟，每逢过年的早上，

天神 指天上诸神，包括主宰宇宙之神及主司日月、星辰、风雨、生命等神。佛教认为，天神的地位并非至高无上，但可比人享有更高的福祉。天神也会死，临死前会出现衣服垢腻、头上花萎、身体脏臭、腋下出汗和不乐本座等五种症状。

还要把酒淋在牛鼻上，表示与牛共度佳节。

土家族传说中的牛王，因帮人类多打了粮食，遭到天神的惩罚，被贬到地上终生吃草，帮人耕田种粮。土家族每年农历四月十八为牛王过生日，成为祭祀牛王的节日。

布依族的牛王节则在农历四月初八，这一天各寨举行隆重的祭典，家家用米酒、五色糯饭敬牛王，喂耕牛。

仡佬族的牛王节在农历十月一日，也称敬牛节。人们要杀鸡备酒敬奉牛王，祈求它保佑耕牛。这一天牛不劳作，吃好饲料，有的地方还放爆竹，给牛披红挂彩，像嘉奖劳动模范一样。

侗族每年农历六月六美食供奉牛神，家家牵牛去河边洗牛，用黑糯米饭喂牛，是谓洗牛节。

在我国的传统文化中，牛的影响不仅限于农耕文明范围。远古时代葛天氏部族的音乐是"三人操牛尾，投足以歌八阕"，于是我国音乐史的第一章里，就写进了有关牛的段落。

我国古代伟大的思想家老子，骑着一头青牛出函谷关西行，为后人留下不朽的哲学名著《道德经》。有谁能想到，老子著作最后的构思和定稿，是在牛背上完成的。那头青牛不仅在哲学史上留下痕迹，还随着神化了的老子沾了几分仙气，在神话传说中永存。

阅读链接

牛与人类的关系实在密切，因而频繁地出现在我国民间传说中。比如流传最广的是牛郎与织女的爱情故事。在晴朗的夜空，我们可以看到在明亮的银河两侧，牵牛星与织女星遥遥相对。在牵牛星和织女星的两旁，还有他们的一双儿女。

据说每年农历七月初七的这一天，只要躲在葡萄架下，就可以听到牛郎织女一家人在诉说离愁别恨。人们对牛郎织女抱以无限同情的同时，也深深怀念那成全了牛郎织女的爱情，并牺牲了自己生命的老牛。

百兽之王的勇猛寅虎

　　传说中的西王母是半人半兽的形象，具有虎齿、豹尾、善啸的特征，可以猜测西王母是虎图腾与母系氏族社会部落女首领的合并。

　　西王母掌管人间的刑罚、瘟疫和灾难，俨然是最高的司法女神。她主死也主生，手中有不死之药，美丽的嫦娥就是吃了她的药，飞升到月亮上，成了那里永久的居民。

圆明园十二生肖虎首

　　西王母在漫长的神话发展史中，逐渐演化为面目慈祥的王母娘娘，与玉皇大帝一起掌管整个宇宙，成为道教的最高女神。这时的她已不再主管刑杀，而是掌管生育、婚姻等，因而在民间香

酒器 用来盛酒用的器具。在我国古代，酿酒业的发展，使得各种不同类型的酒具应运而生，在商代时，由于青铜器制作技术的提高，我国的青铜酒器达到前所未有的繁荣。青铜酒器主要有爵、角、觚、觯、斝、尊、壶、卣、方彝、斝、勺、禁等。

火很盛，女性对她更是礼拜有加。

西王母一直坚持的事业是掌管虎，借以伸张正义，噬食鬼魅。相传上古时，神荼、郁垒二神善捉鬼，然后将鬼喂虎。商代晚期的青铜器虎食人卣是一种酒器，其造型表现的正是虎食鬼的主题。虎有噬鬼镇邪的威力，所以古人在除夕时画虎于门，后来演变为门神画。

虎是义兽，于是有人召虎判案，有罪者虎噬，无罪者不顾。大约在西汉末年，弘农郡虎患严重，由于郡守理政为民，出现了政通人和的局面，据说虎群居然全体离境，以示对清官的支持。虎在这个故事里极富人情味。

■ 圆明园十二生肖虎像

清代小说家蒲松龄，在《聊斋志异》中讲的故事更动人：一老妪之子死于虎患，地方长官判虎为老人养老送终。此虎便每天送猎物奉养老人，老人死后，虎还到坟前嚎啸致哀。

在我国，虎是传统文化的一个极其重要的组成部分，《周易·乾卦文》就有"云从龙，风从虎"的文辞。虎是远古先民的图腾之一，虎的声威和形象具有极强的震撼力，可以使人畏惧，也被人们加以利用，常作为权势的象征。因此，长期以来，虎被当作是力量和权力的象征，为人们所敬畏和膜拜。

虎是一种将华丽与凶猛集于一身的生灵。它被认为是世上所有兽类的大王，素有"百兽之王"之称，其威猛、雄壮、阳刚的气魄可见一斑。

虎威风凛凛，奔走如风，尤其是在仰天长啸时，百兽躲避。古人认为"风从虎"，虎一出场甚至狂风大作，这恐怕是因为虎给人留下了最惊心动魄的感觉。

古代将军多用虎皮挂在帐中或铺于座上，是为了借虎威以壮军威。将军所在营帐是"虎帐"，将军的威风是"虎威"，骁勇善战的将领称"虎将"，勇士、壮士称"虎贲"。

古代帝王用铜铸虎形兵符调动军队。虎符一分为二，两半铸有相同的铭文，右半留在君主手中，左半交给统兵将帅。需要调发军队时，君王遣使持虎符验合，以为凭证。

虎的威风不仅被人们借以壮大军威，还被人们用来丰富语言的表现力。

"狐假虎威"这一成语来自一则寓言：狐狸宣称自己是百兽之王，老虎当然不能同意。狐狸欺骗老虎说："你不信跟我走一趟，看看大家对我的态度就知道了。"老虎便跟着狐狸巡视山林，百兽看见老虎都吓得东躲西藏。老虎还以为是狐狸的王威，不知道是

■虎形面具

《聊斋志异》
简称《聊斋》，俗名《鬼狐传》，是我国清代著名小说家蒲松龄创作的短篇小说集。作品成功地塑造了众多的艺术典型，人物形象鲜明生动，故事情节曲折离奇，结构布局严谨巧妙，文笔简练，描写细腻，堪称我国古典文言短篇小说之巅峰。

生之由来

生庚生肖与寿诞礼俗

自己的威风被狐狸借用了。"狐假虎威"常用来讽刺借助别人威势做坏事的小人。

此外，人们常用"虎穴""虎口"形容危险的境地。大难不死谓之"虎口余生"，冒险行动叫作"虎口探险"，"虎口拔牙"简直就是玩命。而施耐庵《水浒传》中的武松空手打虎，则成了千古英雄佳话。

虎的图案，在我国古代生肖钱币上较为常见。生肖文化是我国劳动人民智慧的结晶，铸有生肖图案或文字的生肖钱币，是生肖文化的重要组成部分。

历代铸造的生肖钱币上，生肖寅虎自然是不可或缺的主题图案之一。比如唐代铸造的生肖钱，它以十二生肖属相作为题材，其中就有虎的形象。

流传下来的生肖虎钱有单枚成套的，正面为生肖虎的造型图案，穿上地支文字"寅"，钱背没有任何文字或图案，或有"寅"和"寅生"字样，或有一符

■调动军队的虎符

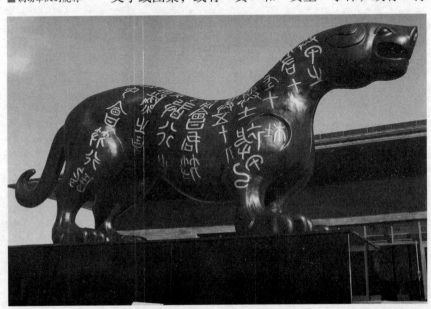

篆文字，或出现本命星官的图案。也有将包括虎在内的十二生肖合铸于一钱的。生肖虎钱品种众多，不胜枚举。

■生肖虎

除生肖钱币外，我国历代发行的流通钱币上很少出现虎形图案。元代顺帝至正年间，铸造有至正通宝钱，面文"至正通宝"四汉文，有的钱背穿上铸有八思巴文，即蒙古文字"寅"字，用以纪年。

铸有代表生肖虎年"寅"字的流通钱币，最著名、最珍贵的当数清代康熙年间，福建省宝福铸钱局铸造的"康熙通宝"背"寅"字生辰钱。

1713年3月，康熙皇帝六十寿辰，福建省铸钱局铸造发行了一种生辰钱，向皇帝进呈祝寿。这种生辰钱正面为"康熙通宝"四字，与普通的"康熙通宝"钱基本相同，但钱背除铸有满汉文"福"字外，还在钱穿上方多铸一个代表生肖的地支文字。1713年是蛇年，所以第一枚生辰钱铸的是"巳"字。

此后，每年三月逢康熙皇帝寿辰，宝福铸钱局都铸造发行一种背生肖文字生辰钱，如虎年铸"寅"字等。至1722年康熙皇帝驾崩共铸发行10种，发行量极少，异常罕见。

在我国民间，还有关于虎的习俗，农历五月初五

驾崩 我国古代称呼帝王或皇太后、太皇太后的死为驾崩，有"皇驾崩塌"之意。古代皇帝有万民拥戴，有权力驾驭和支配臣民来维护江山的和平稳定，如果皇帝死了，人们的精神支柱也没有了，"驾崩"形容的正是江山少了支柱会崩塌的意思。

是端午节，旧时有悬艾虎、吃粽子、赛龙舟的习俗。艾叶可驱虫、治病，以艾作虎形，有驱病镇邪的功能。有的地方还用雄黄，在小孩子额上画上"王"字，模仿虎头花纹，当然也是借虎驱邪的意思。天真烂漫的孩子们犹如一群小老虎满街乱窜，给节日增添了欢乐的气氛。

陕西关中地区嫁女，必陪送一对特大的面老虎，过门时放在漆柜上抬着，走在送亲队伍的最前头，这或许是虎媒的遗风。

婚后生子，外婆要送一个泥老虎当满月礼。至于戴虎帽、兜虎围嘴儿、穿虎鞋、枕虎枕，则是全国性的育婴习俗了。这些虎形日用品寄托着父母的深情，希望虎娃、虎妮们茁壮成长。

我国崇拜虎的民族很多，彝族为最。他们的十二生肖以虎为首，他们认为宇宙万物是由虎分解而成的。创世纪史诗《梅葛》说虎头做天头，虎尾做地尾，左眼做太阳，右眼做月亮，虎须做阳光，虎牙做星星，虎油成了云彩，虎肚成了大海，虎肠成了江河，排骨成了道路。古籍说，云南蛮人呼虎为"罗罗"，老则转世化为虎。彝族人就自称"罗罗"，并相信自己老时化虎。如果人真能转生为其他动物，应该说，彝族人的选择是最壮丽的一种。

阅读链接

在中华民族几千年的繁衍生息中,布老虎就是一种古代就已广为流传的儿童玩具,是俗雅共赏的民间手工艺品。

在陕西，布老虎是一种吉祥物。小孩满月，外婆或送一只泥老虎，或送用黄布做成的布老虎以示祝贺，意思是祝愿小孩长大后，像老虎一样健康活泼，富于生命力。

在山西，小孩生日，舅家要送一只或一对布老虎，既当枕头，又当玩具，以示祝福。至于给小孩戴虎帽、兜虎围嘴儿、穿虎鞋、枕虎枕则是全国性的习俗。这些玩具和吉祥物，大都具有憨态可掬的童趣，件件都是精美的民间工艺品。

内涵丰富的谨慎卯兔

在繁星闪烁的夜空中，最引人注目的当然是那轮明月。它与太阳交替出现，将24小时划分为夜与昼。日月运行轨迹季节性的变化，月亮从盈到亏、再从亏到盈的轮回，指导了古人农耕文化和天文历法的发展。

太阳的黑子与月亮的阴影，使古人产生许多联想。他们认为太阳是一只三足的金色乌鸦，而月亮里有一只总在捣制长生不老药的玉兔。

西晋哲学家、文学家傅

十二生肖兔首

生之由来

生庚生肖与寿诞礼俗

■圆明园十二生肖兔像

玄，在《拟天问》中发问：

月中何有？玉兔捣药。

从此，后世常把月亮称为玉兔、兔轮、兔魂，正像金乌鸦是太阳的化身一样，兔子也成了月亮的代表。

兔子是温顺安详的小动物，所以以十二生肖文化纪年的国家和地区的人们认为，兔年应该是个平和吉祥的年份。而兔年出生的人的性格是最好的性格。属兔的人往往特别温和，文静，谦谦有礼；潇洒，机敏，精细耐心；善良，纯朴，富有责任感。

"兔"与十二地支中的"卯"对应，汉代思想家王充《论衡》说："卯，兔也。"二者组成生肖"卯兔"。

"卯"的本字描画的是草木出土萌芽的形象。在十二时辰中，"卯"时是指早晨的5时至7时。因此，"卯"表示春意，代表黎明，充满着无限生机。

又因为卯居东，与酉相对东方是日，月初升之方位，故称卯为门。"卯"的字形就像门的形状，所以人们喜欢在卯时开张大吉。

兔子性情温和，惹人怜爱，因

而也就难以神化，所以有关兔子的神话不太多。古人对于时间流逝的概念，就是从每天的"兔走乌飞"中得到的。

我国在很早以前就开始养兔，最早至少可上溯到3000年前的商周时期。殷墟妇好墓出土有玉雕兔，这两只玉雕兔毛色略呈褐黄，圆睁双目，长耳后抿，短尾上耸，躬腰曲体，仿佛正在向前跳跃，造型生动传神，工艺水平极高。而我国有关兔子的文化习俗内涵也十分丰富。

■玉兔画像铜镜

古老属相 十二生肖

在我国，关于兔的最早记载出现在《诗经》中，在《小雅·瓠叶》中就有"有兔斯首，炮之燔之""有兔斯首，燔之炙之"的烹兔之法。

在古代，兔子一直被认为是瑞兽。而白兔十分罕见，各地发现白兔之后，多要载歌载舞献给朝廷，显示君主贤明、海内大治。

据记载，汉代在建平、元和、永康年间，边疆少数民族曾经3次向朝廷献白兔。在《后汉书·光武帝纪》中说："日南徼外蛮夷献白雉白兔。"唐代蒋防《白兔赋》有"皎如霜辉，温如玉粹。其容炳真，其性怀仁"的说法。宋代欧阳修的《白兔》也说："天冥冥，雨蒙蒙，白兔捣药嫦娥宫。"

在古代，兔子被当作皓月祥瑞之兆，广受赞誉

欧阳修（1007—1072），字永叔，号醉翁、六一居士，吉州永丰人。北宋政治家、文学家，且在政治上负有盛名。谥号文忠。后人又将其与韩愈、柳宗元和苏轼合称"千古文章四大家"。与韩愈、柳宗元、苏轼、苏洵、苏辙、王安石、曾巩被世人称为"唐宋散文八大家"。

■ 骑着麒麟的兔爷

生之由来

生庚生肖与寿诞礼俗

和尊崇，中秋明月，普照九州，不管是皇帝的琼宫，还是穷人的茅屋，一视同仁。古人认为，中秋无月兔不孕、蚌不胎、荞麦不实，中秋有月，是岁多珠。

中秋夜祭月是一个重要日程，然而很久以前就有"男不拜月，女不祭灶"的规矩，这是因为月亮以及月中玉兔对女性具有特殊意义。女人拜月，未婚的祈求月神赐予佳偶，已婚的则向玉兔祈求多子之福。

旧时传说，八月十五是月亮娘娘的生日，月亮娘娘主人间婚姻，未婚男女常常在月下海誓山盟。姑娘们拜月，是对未来幸福的憧憬。

玉兔作为月神，兼有生殖神的功能。兔子是繁殖能力极强的哺乳类动物，所以崇尚"多子多福"的人们就认定兔神掌管生殖。

江浙一带有"走月亮"的风俗，中秋前后的夜晚，妇女皆盛妆出游，笙歌彻夜。走月亮时，有"走三桥"的内容，桥连接两岸，象征婴儿由彼岸到此岸，越过阴阳界的降生过程。

拜月时少不得要拜兔神，据《帝京景物略》所说，明代中秋时节祭月，除必需祭果饼外，还要到纸店买月光纸，这里所说的"月光纸"，就是纸神马，即"月光马儿"。

《燕京岁时记》

清代满族人富察敦崇所著的一部记叙清代北京岁时风俗的杂记，按一年四季节令顺序，杂记清代北京风俗、游览、物产、技艺等，一共有146条。其中的很多关于民俗学的资料如耍耗子、毽儿、油葫芦、丢针等，可以帮助我们了解当时的民风民俗。

月光马儿上部绘太阴星君，下部绘月宫桂殿及捣药的"兔儿爷"，彩画贴金，辉煌耀目。请回家后于月出方位祭拜，祭毕焚之。清代的京城里常有人团黄土做兔形，涂以各种油彩出售，这便是后来风行北方的"兔儿爷"的前身。

关于兔儿爷，《燕京岁时记》也有记载。旧时北京东四牌楼一带，常有兔儿爷摊子，专售中秋祭月用的兔儿爷。此外，南纸店、香烛店也有出售的。

这兔儿爷经过民间艺人的大胆创造，已经人格化了。它兔首人身，手持玉杵。后来有人仿照戏曲人物，把兔儿爷雕造成金盔金甲的武士，有的骑着狮、象等猛兽，有的骑着孔雀、仙鹤等飞禽。最常见的是兔儿爷骑虎。

大的高100厘米有余，小的10厘米左右。还有一种肘关节和下颌能活动的兔儿爷，俗称"吧嗒嘴

阴阳 源自古代中国人民的自然观。古人观察到自然界中各种对立又相联的大自然现象，如天地、日月、昼夜、寒暑、男女、上下等，以哲学的思想方式，归纳出"阴阳"的概念。早至春秋时代的《易传》以及老子的《道德经》都有提到阴阳。阴阳理论已经渗透到中国传统文化的方方面面，包括宗教、哲学、历法、中医、书法、建筑、堪舆、占卜等。

037

古老属相

十二生肖

■兔儿爷陶像

儿"，更讨人喜欢。还有人做兔儿奶奶，为兔儿爷配对，衣着与兔儿爷对应。

兔儿爷虽为祭月供品，但也是很多孩子们的绝妙玩具。有人曾提到过有一种一尺大小的玩具，是搭成葡萄架的样子，或者是天棚茶座的样子。架子下有小桌子椅子什么的，好些小小白兔子，都寸来高，兔客人进来坐在桌子一边，兔小二过来给倒水，兔掌柜的在另一边拨算盘。那一屋子里的泥塑小白兔儿全没有穿衣服，耳朵特别长，好玩得很。

实际上，这种玩具还有看杂耍的、看庙会的、烧香拜佛的、娶媳妇的、出殡的、办满月的，多至百十余种，各有神态。

兔子其状可爱，其性温顺，绝无凶险之气，故常被视为吉祥之物。人们甚至还在兔子的故事中留下了许多哲理，如我国古代寓言《守株待兔》，告诫人们不要希图侥幸；成语"狡兔三窟"，教人凡事要多做几手准备。

总之，小小兔子承载了众多的文化内涵，给兔年增添了不少乐趣和说不尽的话题。

阅读链接

兔子常被画家当作表现的题材。明代画家张路在《苍鹰逐兔图》中画了一只苍鹰正俯视野兔，准备捕捉。野兔意识到危机，眼神透露出急切和紧张，不顾一切地奔跑，有力的后腿和弓形的背部显示出紧张和速度。这幅画把逃避危机的野兔刻画得栩栩如生，将动态表现得惟妙惟肖。背景中的芦苇随风飘动，既渲染烘托紧张气氛，又丰富了画面的层次感。

同时期的另一位画家周之冕的《松梅芝兔图》中的野兔极为可爱，少了些野性，多了几分宠物的乖巧。

浑身充满祥瑞的辰龙

　　相传很久以前，在滇南的哀牢山下住着一个名叫沙壹的少女。一次到河边洗衣服，看见一条鱼游来游去，她一时玩心大起，就蹚着里去抓它，不小心被河上游漂下来的一根木头撞了一下，回去后不久就怀孕了，后来一胎生下10个儿子。

　　孩子们在妈妈沙壹的抚养下，渐渐长大了。这天，沙壹带孩子们到河边戏水，忽见一条龙跳出水面，问她："你为我生的孩子就是他们吗？"沙壹点点头，叫孩子们过来，见见父亲。

　　孩子们被龙的怪样吓得一哄而散，只有最小的孩子不但

圆明园十二生肖龙首

生之由来
生庚生肖与寿诞礼俗

不怕它，而且还好奇地摸摸它的角，扯扯它的须，最后一屁股坐到龙背上。

龙很喜欢他，伸出舌头去舔。沙壹误以为龙要吃他，急得大叫坐在龙背上的孩子。哀牢话中的"背"字发音近"九"，"坐"字发音近"隆"，龙以为这是孩子的名字，就叫他九隆。

后来，九隆十兄弟娶了后山的十姐妹为妻，繁衍生息，自成一族。于是，族人共推九隆做了族长。

因为龙在古代人的心目中，代表着一种权威或势力，所以先民们希望成为其子孙，因而产生了这个美丽神奇的传说。

在十二地支中，十二种代表动物，只有龙是虚构的。自古以来，我国把龙、凤凰、麒麟、乌龟称为"四灵"，认为是最吉祥的动物。

龙具有马一样的面孔，蛇一样的身躯，背上并有81片鳞片，四肢则像鹰爪。既能在空中飞舞，又能潜水，神出鬼没，变幻莫测。而麟片"81"这个数目，合"九九八十一"之数，具有吉祥的寓意。

龙在十二地支中代表辰，排在十二地支第五位，方位是南东方。若以时间来计算，是一天中早晨7时至9时。此时正是太阳增加光辉的阶段，仿佛万物清醒前的混沌状

■圆明园十二生肖龙像

龍
騰雲霧
升天入
渊

态。若以季节而论，辰代表四月。

通常人们认为，龙年出生的人，因有神龙般神秘变幻莫测的特质，所以个性令人难以捉摸，属于富有野心的梦幻家。喜欢冒险、追求浪漫的生活，同时性情淡泊、不拘泥于世俗之见，自然而然给人一种大人物的风范。

龙在我国是一种象征性的动物，有祥瑞的意义。人们将其视为瑞兽、吉神。龙的各部位也都有特定的寓意：凸起的前额表示聪明智慧，鹿角表示社稷和长寿，牛耳寓意名列魁首，虎眼表现威严，鹰爪表现勇猛，剑眉象征英武，狮鼻象征宝贵，金鱼尾象征灵活，马齿象征勤劳和善良等。

在寺庙的建筑中，我们都可看到龙柱。其他如龙床、龙袍、龙船、龙门、龙颜、龙种、真龙天子等称呼，都与吉兆有关。在风水学上，有龙脉、龙穴、青龙、苍龙等说法。

生之由来

生庚生肖与寿诞礼俗

■龙腾图

瑞兽 原始人群体的亲属、祖先、保护神的一种图腾崇拜，是人类历史上最早的一种文化现象。它们从远古时代一直沿存。我国古代有四大瑞兽，分别是东方青龙、南方朱雀、西方白虎、北方玄武，另外麒麟也是我国古代的一种瑞兽。

龙分多种，龙虽可腾云驾雾，也能兴风作浪，其穴主要在江河湖海。《易经·乾卦》有以龙代表六爻之位，如潜龙、现龙、惕龙、跃龙、飞龙、亢龙六种龙，表示六个阶段的地位、境界。

相传龙也是远古华夏氏部落的图腾。龙的体躯似蛇，再加上兽类的四脚、马的毛、鬣尾、鹿角、鹰爪、鱼的鳞和虾须、眼。"辰"字为象形字，形若蜷曲状之肉虫。如一曲三折之龙形，即虫之放大。

龙虽为祥瑞之物，毕竟它是神化、象征性的瑞兽，其神力无所不在，天空里的飞龙、海洋里的蛟龙、陆上的行龙，都是威力无比，代表生气勃勃，精力充沛。

在我国的民俗节日中，有不少与龙相关者。这些节日的活动丰富多彩，富有浓郁的民族特色，散发着清新的乡土气息。

农历正月十五是汉族的元宵节，又称上元节。正月十五元宵本与龙无关，但是灯节必要舞龙灯。宋代吴自牧在《梦粱录》中，有关于南宋龙灯的记述：

元宵之夜……草缚成龙，用青幕遮草上，密置灯烛万盏，望之蜿蜿如双龙之状。

吴自牧所说的是静止观赏的龙灯。南宋龙灯亦有由人舞弄者，南宋大词人辛弃疾即有"凤箫声动，玉壶光转，一夜鱼龙舞"的诗句。

明清两代，舞龙灯之风更盛。舞龙灯的前身是汉代的鱼龙漫衍之戏。

端午节的一系列活动，如洒香汤，香汤以艾叶、菖蒲煮水沐浴；悬艾老虎素，就是用彩绸缝扎成粽子、辣椒、扫帚、布老虎等串以彩线挂于胸前；饮雄黄酒、挂钟馗像等，都以辟邪除祟为主旨。至于龙舟竞渡，当是祭神娱神祈获保佑的一种形式。

在我国的少数民族中，也有许多与龙有关的节日，不同民族节日的时间、内容与活动亦不尽相同。主要分布于我国中南地区的壮族、瑶族和西南地区的哈尼族，均有祭龙节。

壮族的祭龙节在农历二月间。祭时，由村中两户或数户人家轮流负担祭祀用的鸡、猪等祭品。壮族人认为，每年杀猪祭龙，可保人畜平安。祭祀之日，外寨人骑马或戴斗笠者，均不得通过寨心。

云南的普米族有龙潭祭节，兰坪普米特的龙潭祭节在农历正月、二月，宁蒗普米族则在农历三月、七月。

■辰龙腾云驾雾

普米族人各家均有自己的龙潭，大都在深山密林或山涧峡谷中。祭龙潭节时，全家同往自己的龙潭歇宿三日，用木棍、木板搭成高台称龙塔，龙塔前树百尺标杆，上挂7个用鸡毛麻线拴成的七角斗架，为龙神住处。

然后以酒、牛奶、酥油、乳饼、茶叶、鸡蛋等食物，祭于龙塔之上。请巫师登坛祭祀，求龙神保佑人畜兴旺、五谷丰登。祷毕，将涂有酥油的五十个面偶投入龙潭。

云南河口大瑶山瑶族尚有龙公、龙母上天节。龙公上天节为农历八月二十日，龙母上天节为农历七月二十日。是日，当地瑶族百姓祭龙之后，还要举行龙公、龙母的升天仪式。

我国民族众多，与龙有关的节日不胜枚举，虽各具特色，但其本质含义却是一致的，即以龙为兴云布雨、掌管福祸之神，表达了人们希求风调雨顺、五谷丰登的美好愿望。

阅读链接

我国的龙，具有图腾的基本特征，它是各民族共同崇奉的图腾神。在《说文解字》中解："龙，鳞虫之长，能幽能明，能大能小，能长能短，春分而登天，秋分而入渊。"传说炎帝、黄帝、尧、舜和汉高祖刘邦的诞生及其形貌，都与龙有关，是龙种、龙子。古越人也认为自己是龙种，故断发文身，以像龙子。

我们常说"龙的传人"或"龙的子孙"，这些都是祖先图腾观念的影响。至于龙图腾神观念，更为普遍，大多数民族都曾把龙视为自己的保护神。

代表兴旺与神秘的巳蛇

相传在很久很久以前，在河南鹤壁的黑山之麓、淇河之滨，有一个小村落，叫作许家沟村。许家沟所依的黑山，又名金山、墨山，古为冀州之地，是太行山的余脉之一。这里峰峦叠嶂，淇水环流，林木茂盛，鸟语花香，环境清幽，亚赛桃源。

早在魏晋时期，文学家左思就在《魏都赋》里记载了"连眉配犊子"的爱情传说，说犊子牵着黄牛，时常在黑山中游戏玩耍，时老时少，时靓时丑。后与连眉女结合，一同离开，人们不能追上。后来这一典故衍化为"白蛇闹许仙"故事，故事的女主人公也由"连眉女"演变为白蛇。

圆明园十二生肖蛇首

■圆明园十二生肖蛇像

白蛇闹许仙里的白蛇精，当年曾被许家沟村一位许姓老人从一只黑鹰口中救出性命。这条白蛇为报答许家的救命之恩，嫁给了许家的后人牧童许仙。

婚后，白娘子经常用草药为村民治病，使得附近金山寺的香火变得冷落起来，也使黑鹰转世的金山寺长老法海和尚大为恼火，决心破坏许仙的婚姻，置白娘子于死地。于是引出了人们熟悉的"盗仙草""水漫金山寺"等情节。

白娘子因为水漫金山而触动胎气，早产生下儿子许仕麟。法海趁机用金钵罩住分娩不久的白娘子，将其镇压于南山雷峰塔下。

通过此事，许仙心灰意冷，便在"雷峰塔"下出家修行，护塔侍子。18年后，许仕麟高中状元，回乡祭祖拜塔，才救出母亲，一家团圆。

在我国苗族中，还有蛇郎和阿宜的故事。这些故事，不仅反映了人类和蛇的密切关系，而且通过这些故事，可以看到蛇图腾崇拜对后世之人的深刻影响。

蛇在十二地支中属巳，位于第六位。"巳"具有自己奋斗的意思。蛇与龙的形象相似，又称小龙。

巳时指9时至11时，取其中间数10时，正跟孕育月份一致。用蛇来表示神秘蜷伏，孕育着美好希望。

香火 指供奉神佛或祖先时燃点的香和灯火：来朝拜的人很多，香火就会很盛。古时候香火也指后辈烧香燃火祭祖，故断了香火就指无子嗣。古时有一说，不孝有三，无后为大；即没有后代传承香火是最大的不孝。

巳的方位是东南，若以四季来看，正是新绿艳丽的初夏五月。此时，水田中的秧苗等待着六月的到来好插秧，也是万物正欣欣向荣的时刻。

在十二地支中，马和蛇均属于"火"的性格。马为阳火，蛇为阴火。在冬季里暖炉中的火光和火炉中的炭火，都给人一种温馨舒适的感觉。

蛇的阴火性格，正具有光芒和温暖的含义。影射了蛇年出生的人都是精力旺盛的人。

其实，在我国的远古时代，蛇是古老的图腾崇拜物之一。在马家窑文化的彩陶上，发现有蛙、鸟的图像；在仰韶文化的陶器上还有蛇的图像；从半坡村出土的陶器上，也看到有人头、鸟兽的图像，这些图像有些可能就是当时的氏族图腾。有趣的是，传说中的汉族祖先，亦有不少是蛇的化身。

■花丝镶嵌生肖蛇

■ 生肖蛇陶塑

图腾 是原始人群体的亲属、祖先、保护神的标志和象征，是人类历史上最早的一种文化现象。运用图腾解释神话、古典记载及民俗民风，往往可获得举一反三之功。图腾就是原始人迷信某种动物或自然物同氏族有血缘关系，因而用来做本氏族的徽号或标志。

据《列子》中记载，疱牺氏、女娲氏、神农氏、夏后氏，均是蛇身人面，牛首虎鼻。在《山海经》里，还有"共工氏蛇身朱发"之说。在伏羲部落中有飞龙氏、潜龙氏、居龙氏、降龙氏、土龙氏、水龙氏、赤龙氏、青龙氏、白龙氏、黑龙氏、黄龙氏11个氏族，它们可能是以各种蛇为其图腾的氏族。

我国传说中的龙，恐怕就是蛇的神化，如古代居住于东方的夷族，他们一个著名酋长叫作太暤。据说他是人头蛇身，又说是龙身。

福建省简称为"闽"，"闽"字形则为门内供奉一条蛇，也是反映当地的崇蛇之风，是图腾崇拜的一种体现。

在福建省南平市闽江上游，有一座千年古镇樟湖，商周时就有居民生活，历史悠久，并有深厚的文化底蕴。东汉许慎在《说文解字》中说："闽，东南越，蛇种。"说明早在秦汉时期，生活在福建的闽越人就以蛇为图腾加以崇拜。

相传此地多有水患，一道士为解一方百姓之难，化身为蛇向王母娘娘求救，以后方圆上百里的百姓始得安居乐业。由此，蛇在该地成为古代人崇拜的图腾，从古到今一直备受推崇。

在樟湖，至今还保留着古朴的民间文化活动祭蛇。樟湖人崇蛇，是闽越人崇蛇文化绵延至今的遗风。该镇现在每年的农历七月初七，都举行赛蛇神活动。

樟湖人以蛇作为他们崇拜的图腾，他们不打蛇，忌食蛇肉，遇到蛇时还主动为其让路。

初七前夕，村民们将捕到的活蛇，存放在蛇王庙里的小口瓷罐或木桶中，养到初七这天，人们将大蛇装在香亭里，结彩挂花，众人持小蛇相随，场面甚为壮观。以此祈求风调雨顺、五谷丰登。游蛇结束，人们便将蛇放归自然。

北方的崇蛇习俗不及南方之盛，原因是北方人与蛇接触的机会远少于南方人，蛇在人们的生活中位置不那么重要。不过，同南方一样，北方不少地区也将蛇看作财神或财富的象征。

山西忻州、五台等地，以枣馍馍祭神，枣糕上要用面塑一圈小

■生肖蛇石刻

蛇称小龙灵活机谨

蛇。当地民众把蛇视为财神，枣糕上塑小蛇有招财进宝之意。

山东有些地方，春节祭祀神灵和祖先的供桌上，要摆上面塑的圣虫，有的圣虫礼馍重达十多斤，圣虫虎头圆形，身体成盘蛇状。有的地方还将圣虫做成刺猬和蛇的形状，口含铜钱或红枣，大的供在财神、灶神的祭案上，小的放在米缸、面缸、粮囤、钱柜和衣橱里，以祈求财物增多，取之不尽。

有些农村地区在农历二月二要贴龙、蛇剪纸。也有的地方用灰撒成龙蛇状。清代咸丰年间的《武定府志》中说，二月二这天，民俗取灶灰围屋如龙蛇状，名曰"引钱龙"，是为招福祥到家，表现了人们祈求富裕吉祥的心理。

生之由来

生庚生肖与寿诞礼俗

阅读链接

蛇是我国古越人的重要图腾之一，后来演化为神。清吴震方《岭南杂记》说："潮州有蛇神，其像冠冕南面，尊曰游天大帝，龛中皆蛇也。欲见之，庙祀必辞而后出，盘旋鼎俎间，或倒悬梁椽上，或以竹竿承之，蜿蜒纤结，不怖人变不螫人，长三尺许，苍翠可爱……凡祀神者，蛇常游其家"

江苏宜兴人将蛇分为家蛇和野蛇，分别称之为"里蛮"和"外蛮"。所谓家蛇，指生活于住宅内的一种蛇，常盘绕于梁、檐、墙缝、瓦楞、阁楼的一种无毒蛇，通常约三尺许。人们认为家蛇会保护人，家有了家蛇，米囤里的米就会自行满出来而取不空。

象征精神力量的午马

传说中的龙马是龙头马身的神兽,它身居黄河,驮图出河,献给伏羲,伏羲凭此而演绎八卦。

无论是虚拟的天马、龙马,还是现实的骏马,它们都象征着中华民族自强不息、奋发进取的民族精神。

龙马是黄河的精魂,是黄河文明的产物,是华夏民族始终坚守的主体精神的化身,人们将之概括为"龙马精神"。

马在十二生肖中位居"六畜"之首,在中华民族传统文化中占据极高的地位,这与它积极进取的文化象征意义是密不可分的。

■圆明园十二生肖马首

赵武灵王（约前340—前295），我国战国中后期赵国君主，嬴姓，赵氏，名雍。赵武灵王在位时，推行"胡服骑射"政策，赵国因而得以强盛，灭中山国，败林胡、楼烦二族，辟云中、雁门、代三郡，并修筑了"赵长城"。他是我国历史上一位很有作为的君主。

高昂的马首、颀长脖颈、飘逸马鬃、健壮四肢、洒脱的马尾、光滑的马皮、高大的身躯，充分展示出一种气势强劲、彪悍雄武的精神和气质。正因为如此，马才具有了神性，它才能上天入水，驰骋纵横。

马在十二地支中代表午，排在十二地支的第七位。方位正南方。若以一天的时辰来看，午是代表正午11时至13时，此时正是太阳光最强的时候。若以季节而言，午代表六月，正是农人忙着耕种的月份。一切都显得充满活力。

马是与太阳荣光共处一处的幸运动物，因此马年出生的人，也具有比常人倔强一倍的崇高精神。

马是精神力量的象征，也是温驯忠诚的形象。考古资料证明，四五千年以前的龙山文化时期，野生的马已被驯养。它们一方面不失其勇武豪迈之气，另一方面又增添了通晓人性之情。自此以后，马成为与人

■项羽坐骑乌骓马墓

类生死相依的亲密伙伴。

性情温驯的马善解人意，甘为人类负重驾辕、效力沙场，成为古代主要的交通运输工具。如春秋时期，齐桓公之贤臣管仲，利用"老马识途"的特点走出困境。后人以此比喻经验丰富的人熟悉情况，能找到解决问题的正确途径。

■生肖马雕刻

战国中期，赵武灵王进行军队改革，提倡"胡服骑射"，以一人一骑为单位，较之战车作战，灵活自如，为军队快速取胜铺平道路。

马任劳任怨、赤胆忠诚之举，常常受到人们的褒扬。在古代文献中，不乏记载着人和马之间所建立的深厚情意的感人故事。

《三国演义》有赤兔马，它原是吕布的坐骑；毛色赤红，神骏威武，时人咏叹："人中吕布，马中赤兔。"后被曹操所得，赠与关羽。从此，赤兔马伴随关羽南征北战，战功显赫。关羽被害后，赤兔马也抑郁而死。

刘备的坐骑，也是一匹善解人意、挽救主人的宝马良驹。《三国演义》中描写了一个惊心动魄的马跃檀溪的故事。

在《史记·项羽本纪》中，记载楚霸王项羽的坐骑为乌骓马。当他兵败垓下，大势已去时，不禁慷慨

管仲（前723年或前716—前645），名夷吾，史称管子。生于春秋时期的颍上，即今安徽省西北部，淮河北岸。周穆王之后代，谥号"敬仲"，故又称管敬仲。春秋时期著名政治家和军事家。他凭借自己的才能，辅佐齐桓公成为春秋第一霸主。有"春秋第一相"之誉。

■圆明园十二生肖马像

马头琴 是一种两弦的弦乐器,有梯形的琴身和雕刻成马头形状的琴柄,为蒙古族人民喜爱的乐器。其历史悠久,是从唐宋时期拉弦乐器奚琴发展演变而来的。相传有一牧人怀念死去的小马,取其腿骨为柱,头骨为筒,尾毛为弓弦,制成二弦琴,并按小马的模样雕刻了一个马头装在琴柄的顶部,因以得名。成吉思汗时已流传民间。

长叹。所以,即使虞姬自刎而别,项羽也不忍让乌骓马与自己同归于尽。当他逃至乌江,穷途末路之际,便将爱马托付给亭长,无奈地说:"我骑此马已经五年了,所当无敌,此马曾经一日行千里,我不忍杀之,就赐给你吧。"

这些可歌可泣的人不愿舍马、马不忍离人的故事,在历史上比比皆是。这种情结在古乐府诗《爱妾换马》,以及梁简文帝萧纲、刘孝威、庾肩吾和唐代张祜等作品中,皆有所表现。

在少数民族文化中,也流传着许多人与马之间感人至深的故事。如蒙古族马头琴传说,满族民间故事《花莫利》。故事说的是一匹名为花莫利的骏马,为人们建立战功的动人事迹。即使是性能低下的马,也能凭借着锲而不舍的执着精神,为人立下汗马功劳。

在我国古代,马还是能力、圣贤、人才、有作为的象征。古人常常以"千里马"来比拟贤才。千里马是日行千里的优秀骏马。

相传周穆王有八匹骏马,常常驮着他巡游天下。八骏的名称:一个叫"绝地",足不践土,脚不落地,可以腾空而飞;一个叫"翻羽",可以跑得比飞鸟还快;一个叫"奔菁",夜行万里;一个叫"超影",可以追着太阳飞奔;一个叫"逾辉",马毛的色彩灿烂无比，光芒四射；一个叫"超光"，一个马身十个影子；一个叫"腾雾"，驾着云雾而飞奔；一个叫"挟翼"，身上长有翅膀，像大鹏一样展翅翱翔九万里。

有的古书把八骏想象为八种毛色各异，分别有很好听的名字：赤骥、盗骊、白义、逾轮、山子、渠黄、骅骝、绿耳。其实，骏马的神奇传说都是在形容贤良的人才，切莫真的相信神话。周穆王的八骏，其实比喻他的人才集团，才华卓越，本领非凡，各自用特殊的能力，在共同辅助周天子的天下大业。

以马喻示人才的事迹，还有著名的"千金买骨"的典故。战国时期，各国的君王竞相争夺招揽人才，以求邦国的稳固长久。燕昭王也不例外，准备以谦恭虚心的姿态和优厚的报酬来招聘优秀人才。

燕国有个叫郭隗的臣子，他向燕昭王讲了一则从

古老属相

十二生肖

燕昭王（前335—前279），战国时期燕国第三十九任君主，汉族，姬姓，名职，燕王哙之子，太子平之弟。简称昭王或襄王，前312年至前279年在位。他本在韩国作为人质，燕王哙去世后，燕人立其为燕昭王，派乐毅伐齐国，连克七十余城。

■伯乐相马

■ 古代马刀

生之由来

生庚生肖与寿诞礼俗

土地神 又称土地爷，在道教神系中地位较低，专有名称为"福德正神"。在民间信仰极为普遍，是民间信仰中的地方保护神，流行于全国各地，旧时凡有人群居住的地方就有祀奉土地神的现象存在。土地神崇奉之盛，是由明代开始的。土地神的形象大都衣着朴实，平易近人，慈祥可亲，多为须发全白的老者。

前关于千里马的寓言：从前有个君王想花千金求一匹千里马，三年过去了，一直未能如愿。门人便主动请缨，表示可以弄到千里良马。国君派他去，三个月内就找到千里马的下落，但是马已经死了。门人拿出五百金买下了马的骨头，回来交差。

国君生气地说："我要的是活马，你怎么花五百金去买回一堆枯骨？"门人答道："是啊，今天我替大王花五百金买下千里马的骨头，那一匹活生生的千里马就不知多昂贵了。天下人由此知道大王这样看重千里马，还愁别的千里马不纷纷而来吗？"果然，不到一年，"千里马"们纷纷投奔而来。

郭隗讲到这里，话题猛然一转，说道："今天，大王要是真心求贤招才，那就先重用我吧。连我这样不怎么杰出的人都受到重视，那些比我强的真正贤才呢？千里马一旦打算投奔谁，再远也会自动来。"

这则出自《战国策》的故事，向我们展示了求贤若渴的道理。正因为马象征着人才，所以善相马的人又被喻为善识才、善举才者。像战国时期赵国的王良、秦国的伯乐和方九堙等，都是相马专家。人才的埋没或缺乏表现的沉闷局面，就被叫作“万马齐喑”。

《战国策》 一部国别体史书。主要记述了战国时期的纵横家的政治主张和策略，展示了战国时代的历史特点和社会风貌，是研究战国历史的重要典籍。西汉末刘向编定为33篇，书名亦为刘向所拟定。

在我国，有很多有关于马的习俗。在山东章丘龙山镇城子崖发现，自父系氏族公社时起，人们就开始驯化马。许多古籍中有“相士作乘马”的记载，作乘马就是用四匹马驾车，作为运载的工具。

我国自古就有祭马的民间风俗。春祭马祖，夏祭先牧，秋祭马社，冬祭马步。马祖是天驷，是马在天上的星宿；先牧是开始教人牧马的神灵；马社是马厩中的土地神；马步为马灾害的神灵。

■蒙古族牧民驯马

汉族民间信仰马王爷，农家于农历六月二十三日祭祀，祭品为全羊一只。

蒙古族有马奶节和赛马节的传统节日，每年农历八月末举行，为期一天。这天，牧民们穿上节日服装，分别骑着马，并带着马奶酒，赶到指定地点，然后准备节日食品。

太阳升起时，开始赛马，参赛的马匹为两岁小马。比赛结束后，人们分别入席，在马头琴的伴奏下，纵情歌唱，开怀畅饮，一直到夜色降临，人们才载着余兴纷纷散去。

佤族过春节时，要喂马吃糯米饭，并观察马在厩中的姿态以占吉凶，以为头朝东方为幸运年，朝向西方是不吉利的兆头。

在湖北，传说新娘出嫁时，本家历代亡灵都会跟从前往，途中可能会撞着各种煞神附身，会给男家带来不利。所以，在迎亲的这一天，男方会请方士一人，在门外设一香案祭告天地和车马神，并杀鸡以驱鬼。祭毕，抓米撒在新娘的彩轿上，表示打掉煞神。新郎也同时向花轿四周行礼，礼毕方可入内。

在东北地区，有汉、满族踏马杌的婚俗，新娘下车后，足踏马杌，脚不沾地，以避邪祟之扰。

贵州苗族有背马刀提亲的婚俗。青年男女相爱，经男女双方家中议婚三次之后，就要背马刀前往正式提亲。

这些不同民族关于马的民俗，都体现了人们对马的重视与爱戴。

阅读链接

我国有着丰富多彩的马文化，在画马方面，历代人才辈出。由历代画马的艺术，就可以知道马的价值与当时国力的强盛兴衰。

如唐代国富兵强，唐人画马因此有华贵和优美的倾向。宋代重文轻武，宋人画马不重彪悍，也避去华丽，南宋末年的龚开画的瘦马，乃借马比喻亡国之遭遇，都与文人的画潮有关。清代郎世宁《百骏图》中的马散游在草原里，姿态神情各不同，或坐、或立、或卧，远近繁简，各尽其宜。

代表吉祥与和谐的未羊

羊是一种温驯的动物，喜欢成群，故亦是团结的动物。羊的可爱，在于它的形象温顺，求乳必跪，旧时就有被比喻为孝道的说法，因而寓意丰富。

羊在十二地支属未，甲骨文的"羊"字，明显地勾勒出羊角、羊嘴，尤其是上半部的一对美丽羊角。古字"羊"通"祥"，羊也是吉祥的象征。

阳与羊同音，人们常说"三阳开泰"的吉祥话，《易经》中的《泰卦》，上卦为地，下卦为天，天地能通气，故曰"泰"，乾为3个阳，坤为3个阴，乃三阳开泰，应用于民间的年书画题材叫"三羊

圆明园十二生肖羊首

五谷 古代所指的五种谷物。"五谷"在古代有多种不同的说法，最主要的有两种：一种指稻、黍、稷、麦、菽；另一种指麻、黍、稷、麦、菽。两者的区别是：前者有稻无麻，后者有麻无稻。古代经济文化中心在黄河流域，稻的主要产地在南方，而北方种稻有限，所以五谷中最初无稻。

开泰"。

羊即祥，古代宫廷中小车多称羊车，即取意吉祥。古人把羊与祥通用，大吉羊即为大吉祥。用羊做装饰的图案中就有吉利、祥瑞的意义。

在我国民俗中，"吉祥"多被写作"吉羊"。羊，儒雅温和，温柔多情，自古便为与我国先民朝夕相处的伙伴，深受人们的喜爱。

明清时期，民间传说曾把青阳、红阳、白阳，分别代表过去、现在和将来。民间喜用的三阳开泰是一种吉祥语，它表示大地回春，万象更新的意义；也是兴旺发达，诸事顺遂的称颂。图案以三只羊，谐音"阳"，在温暖的阳光下吃草来象征。

"三羊开泰"是吉语，那么五羊呢？在我国南方就有一座城市，得五羊之吉。相传，羊是给广州带来吉祥的五谷之神。

■三羊开泰工艺品

据明末清初著名学者屈大均在《广州新语》中记，古时南海有五仙人，各穿不同颜色的衣服，分别骑着不同颜色的羊，他们来到广州，将六出的谷穗赠给人们，并祝愿永无饥荒。随后，五仙人腾空而去，五羊化为石。五个仙人五只羊，带来五谷丰登的祝福。广州称羊城，简称穗，均源于五羊传说。

祝福五谷丰登的羊，还被想象为雨工，即随龙布云播雨的神物。这见于唐代传奇小说《柳毅传》。小说涉笔成趣地讲到雨工，说龙女牧羊，所牧并非凡羊，而是随龙司水的精灵。这样的想象以龙主雨水为逻辑起点，倒也显得顺理成章。

羊是六畜中，性情最为温良随和的动物。因此，自古以来，羊始终被视为美好吉祥、和谐神异的生灵，受到人们的喜爱。

牛羊为辽阔美丽的大草原增添了活力和生机。北朝民歌《敕勒歌》写道：

■ 圆明园十二生肖羊像

　　敕勒川，阴山下，天似穹庐，笼盖四野。天苍苍，野茫茫，风吹草低见牛羊。

这些描写和叙述，展现了人与天地自然和谐相处的美妙图景。而在这个和谐共生的状态中，羊是不可或缺的重要因素。

羊是和谐的象征，也是美的象征。"美"字本义与羊有关，但具体的造字根据为何，共有3种说法。

一是羊大则味美，从中抽象出美义。羊在"六畜"中主膳，美与善同意。

柳毅传　唐代传奇小说，收入《太平广记》419卷，本篇故事富于想象，情节曲折，而结构谨严，柳毅的正直磊落，龙女的一往情深，钱塘君的刚直暴烈，性格刻画颇为鲜明。对龙女和柳毅的心理描写，尤细致真切。其文体在散行之中夹有骈偶文句和韵语。文辞亦颇华艳。

■生肖羊剪纸

"羊大则美"。这是由味觉感受引申出来的美的观念。在漫长的狩猎、畜牧和农耕时期，人们认为饮食对象肥大，就可以满足更多人的物质需求。所以，美是一个由物质的满足，到审美意识形成的质的飞跃。羊既然"主膳"，能够满足人们的口腹之欲，也就自然而然地成为"美"的来源。

二是羊人为美。戴角是许多原始民族的习俗，起初先民们在狩猎时伪装戴角，以诱惑野兽而猎取之，其后逐渐演变为一般的流行装饰。但有的氏族在庆祝节日跳舞时，才戴上双角冠以为盛装；有的氏族的酋长或贵族妇女们以戴角为尊荣；有的氏族的巫师在作法礼神时，才戴上双角冠以示恭敬；有的氏族在给所崇拜的神塑造形象时，也饰以戴角以示尊严。

还有一种图腾说，对"美"字结构的分析结果与此说相同。持此见解的人认为，甲骨文中"美"字的几种写法，都是头戴羊角图腾的人的形象。远古先民对羊的崇拜，使羊成为本氏族的图腾。如汉字中的"羌"，本指中国西北部一支古老的原始部落。后来，羌人的羊图腾文化融入到华夏的龙文化之中。

"羊人说"与"图腾说"，都反映了羊与人的紧密关系。

三是美的观念产生于古人对女性的生殖崇拜。有学者认为，古人以羊象征女性，而对女性的生殖崇拜使先民产生了美的概念，大量岩画就可以证明。

以上3种解说，各自从羊和人的不同层面的关系来解释美，分物质的美和精神的美两方面。这与人类社会的发展步调相一致，物质需求的满足可以使人产生美的意识。同样，精神的愉悦和满足也能使人产生美感，而且是更高层次的美的体验。可见，羊与美的观念有着一定的源流关系。

羊温良和善知礼，它虽然头上长角，但从不乱用动武，与好仁爱之人相似；被抓被杀之时，从不哀鸣挣扎，与英勇就义的人相似；吃母乳时，一定跪着吸吮，与知礼者相似。羊温和随从、善良安分的秉性，在十二生肖中最为突出。

唐代诗人杜甫在《杜鹃》一诗中，赞美了羊的知礼：

> 鸿雁与羔羊，有礼在古前。
>
> 行飞与跪乳，识序如知恩。

羊羔食母乳时，前腿跪下，好似通晓人间的礼节似的。

山羊额下有胡须，行走时常昂首前视，步履优雅，恰似饱学儒士

■古代羊石雕

■生肖羊

温文高贵，故又名"长髯主簿"。晋代崔豹在《古今注》已有此名。晋人卫玠风姿秀美，有"玉人"之称，常驾羊车游于洛阳集市，引人注目。黄初平化石为羊，苏武牧羊保汉节。此诗多用典故，赞美羊"跪乳能知报母情"。

即使在不毛之地，羊群也能在领头羊的带领下，柔顺地随人前行，具有极强的忍耐力和吃苦精神。

羊的慈善温顺，令人对它的怜爱之情油然而生。宋人黄庭坚《戏答张秘监馈羊》诗：

细肋柔毛饱卧沙，烦公遣骑送寒家。

忍令无罪充庖宰，留与儿童驾小车。

黄庭坚（1045—1105），字鲁直，自号山谷道人，晚号涪翁，又称豫章黄先生。生于唐代洪州分宁，即今江西省修水县。北宋书法家、诗人和词人。在书法方面，他与苏轼、米芾、蔡襄并称为"宋代四大家"。是北宋书坛杰出的代表，一代行草书风格的开拓者，对当时乃至后世影响深远。

从诗中可以看出，诗人对友人所送的羊不忍宰杀，但又不能退还，因此只好送与小儿驾车玩耍了。此时，羊的和善与人的慈爱产生了共鸣，相互依存，一幅自然和谐的景象呈现在世人的面前。

在我国还有很多有关于羊的习俗。伏羊节，原本是徐州当地的一种民俗。每逢暑期到来，百姓都会吃羊肉、喝羊汤，以此强身健体，滋阴补气。因此，民间早有"彭城伏羊一碗汤，不用神医开药方"之说。

据历史典籍记载，在宋代之前，我国宫廷宴席上都是以羊肉为主。到了元代，羊肉在宫宴上更是占到了重要地位，占全部菜肴的三分之二还要多。从汉字构造看，"示羊"为"祥""羊大"为"美""鱼羊"为"鲜"等，无不启迪着人们对美好生活的祝福和对烹饪美食的研究。

徐州人吃伏羊历史悠久，地处丘陵地带，青山绿水，青草茂盛。从青草发芽至入伏前，山羊肥壮，鲜嫩可口，肥瘦相间，膻味极小。加上徐州特有的精制辣椒油，佐以青蒜、香菜、各种香料烹制，其味香醇，汁厚不腻，汤色美白，令人胃口大开。

伏羊节，已成为徐州民间一项独特的民俗美食文化节庆活动。

河南省汤阴县及周边安阳、林州等县市，自古就有送羊习俗。每年夏季麦收刚过，出嫁的姑娘便会带

■蒙古烤全羊

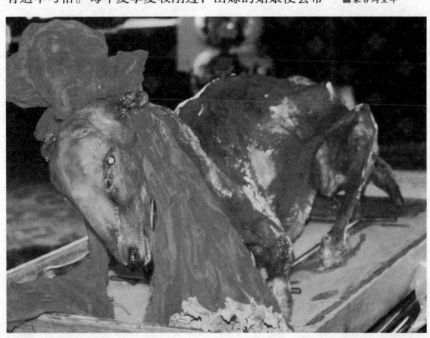

着礼物回娘家瞧娘，当地有句俗语：

> 割罢麦子打完场，谁家闺女不瞧娘。瞧娘不是瞧娘，是让娘家去送羊。

一进农历六月，家里有外孙或外甥的村民，便开始蒸羊送羊了。

所谓"送羊"，就是指外公、外婆或舅舅蒸面羊送给外孙或外甥。一份羊，包括3只面羊、8个馍和几个小耍物。

送羊的时间一般是在农历的六月二十日之前，二十日之后送的羊称为瘟羊。有的只送3年，有的送到外孙或外甥结婚后，有的只要外孙或外甥在就一直送。

送羊习俗，是取"羊羔跪乳"之意，教育外孙或外甥长大成人要孝敬双亲。如外祖父母已故，由舅父、妗子送羊，民间有"妗不倒，羊不了"之说。

阅读链接

春秋时期，晋国宰相狐偃居功自傲，气死了亲家赵衰。赵衰之子，即狐偃之婿，想在六月就除掉狐偃。其妻知道后，不忍杀害父亲，偷偷回娘家告知狐偃。因狐偃在放粮中，目睹自己的过失给老百姓造成的灾难，于是幡然醒悟，决心向女婿认错。此后，每年逢六月六都请女儿女婿回家，蒸新麦面馍，熬羊肉汤热情款待，相互加深感情。

这一做法在民间被广为效仿，成了消仇解怨，和谐共处的热烈景象。还有一句话："六月六接姑姑，女婿外孙一大屋。"也说明了这种亲情相融的场面。

机智而又灵巧的申猴

战国时期，宋国有一个养猴子的老人，他在家中的院子里养了许多猴子。日子一久，这个老人和猴子竟然能沟通讲话了。

老人每天早晚都分别给每只猴子4颗栗子。几年之后，老人的经济越来越不充裕了，而猴子的数目却越来越多，所以他就想把每天的栗子由8颗改为7颗，于是他就和猴子们商量说："从今天开始，我每天早上给你们3颗栗子，晚上还是照常给你们4颗栗子，不知道你们

圆明园十二生肖猴首

■十二生肖猴像

孙悟空 我国明代小说家吴承恩的著作《西游记》中的角色之一。孙悟空，译名行者，是唐僧的大徒弟，猪八戒、沙悟净的大师兄。他保护唐僧西天取经，历经九九八十一难，取回真经终成正果，被封为斗战胜佛。代表了古代我国人民善良、正义、不阿的情怀和追求。

同不同意？"

猴子们一听，都认为早上怎么少了一个？于是一个个就开始吱吱大叫，而且还到处跳来跳去，好像非常不愿意似的。

老人一看到这个情形，连忙改口说："那么我早上给你们4颗，晚上再给你们3颗，这样该可以了吧？"

猴子们听了，以为早上的栗子已经由3个变成4个，跟以前一样，就高兴地在地上翻滚起来。

正是因为猴子的好奇心特别重，这是它的优点，也是它的缺点，所以人们常利用这个弱点来设计猴子。自古以来，人、猴之间，不知道发生了多少轶事。

在十二生肖中，最有灵性的动物非猴莫属。猴在地支中属申，五行属金。孙悟空神通广大，称金猴，正缘于此。猴子好动，总是左顾右盼不安静，自古猴子就被视为聪明伶俐的动物。

孙悟空就是我国传统文化中的一个亮点，汇聚了猴的典型品性和丰富的象征意义，其声名长盛不衰，体现出人们对猴注入了美好的理想和情感。

猴体态轻便，动作敏捷，攀援自如，通达人性，是机智灵巧的象征。"猱升猿引"，就是形容猴在攀登时灵活轻捷之状。

宋人陈允平《观猿》，描写了林中猿矫健的身姿：

挂石攀云日半斜，乱山深处绝烟霞。

所以，人们常用猿猴类比武艺高强的勇士。

司马迁在《史记·李将军列传》中，描述飞将军李广身材高大，用"猿臂"来形容。三国魏曹植在《白马篇》以"狡捷过猴猿"，来赞美游侠儿的神奇和英勇。

明人沈德潜在《万历野获编》中，记载了猴子使用火枪击退倭寇的奇闻轶事。嘉靖年间，日本倭寇经常入侵我国东南沿海一带，浙江参将戚继光训练兵马，准备应战。由于士兵们常在山中练习施放"鸟铳火鼠之术"，因此被群猴模仿。

一次，敌我交锋，寡不敌众，戚继光让士兵把一些火器丢在山路上，以诱敌入林。不料群猴拾到火器，见倭寇披发光脚，以为怪物，便用自学的本事向敌射击。埋伏着的戚家军乘机冲锋，大获全胜。

也许正是因为猴子的灵性十足，所以被人们夸张为变化多端的精灵。

在我国的传统文化中，猴文化也十分丰富，并且还深具内涵。猴子不仅曾当过图腾，而且还是一种吉祥物。猴之吉祥在于它与"侯"同音。

■生肖猴彩陶

■ 花丝镶嵌十二生肖猴像

教化 是一种政治、道德和教育三者有机结合的统治术。它把政教风化、教育感化、环境影响等有形和无形的手段综合运用起来，既有皇帝的宣谕，又有各级官员面命和行为引导，还有立功德碑、树牌坊、传播通俗读物等多种形式，向人们正面灌输道理，还注意结合日常活动使人们在不知不觉中达事理明理。

侯是古代爵位，《礼记》云：

王者之禄爵，公、侯、伯、子、男凡五等。

古人希望升官封侯，猴便成了象征升迁的吉祥物。为此人们还创造了许多吉祥图案。比如一幅猴子骑马的画，被人们寓意为"马上封侯"。再如一幅一只猴子骑在另一只猴子的背上的图画，则寓意为"辈辈封侯"。还有一幅猴子向枫树上挂印舶图画，寓意是"封侯挂印"。

有一幅《三猿图》的画，画中有3只猴子，一只捂耳，一只掩嘴，一只蒙眼，代表"非礼勿听，非礼勿言，非礼勿视"。构图与含义为相当好的教化。这些图案常见于古代官府屏、壁之上，也见于画稿、文具、什器、玉雕上。

古书上说，养马的人在马厩中养一只猴，能防止马群得病。我国西南高原上的行商，驱赶马帮长途贩运时，也常带一只猴子同行。

据说，猴对骡马的疾病很敏感，常能帮人发现病马，以防瘟疫扩散。住店前先让猴子嗅一遍，无疫情方安置马匹。于是，民间也有猴能避马瘟之说，猴也得了"避马瘟"之别号。

《西游记》中玉皇大帝封孙悟空为"弼马温"，

就是取"避马瘟"之谐音，让孙悟空掌管天马，应该说是"专业对口"。但猴子是防止瘟疫的吉祥物，确是事实。

台湾高山族卑南人有"猴祭"，那是男孩十二三岁时的传统祭仪，通常在农历十一月间晚稻收成后举行。祭礼上要牺牲一只猴子，旨在培养少年的尚武精神。贵州省荔波、独山一带的布依族有"猴节"。

农历二月初二这一天，人们带着节前准备的"香藤粑"，涌上山顶唱歌狂欢，孩子们像山猴一样满山乱窜，山野沸腾起来。妇女们还要晒种、选种，男人们检修农具，猴节一过就要下地忙农活了，所以猴节又称"动土的日子"。

《西游记》又名《西游释厄传》，我国古典"四大名著"之一，作者吴承恩，主要描写了唐僧、孙悟空、猪八戒、沙悟净师徒四人去西天取经，历经九九八十一难的故事。《西游记》在思想境界和艺术境界上都达到了前所未有的高度，可谓集大成者。

■生肖猴石刻像

猴王神通自由自在

我国古代有许多娱乐性质的舞蹈，其中就有老猴舞。老猴舞又称猴鼓舞，当地称之为剥泽格拉，意即模仿老猴舞。

相传，很久以前，一位瑶族老汉在山地敲打皮鼓，驱赶偷吃黄豆的猴群。开始，猴群被鼓声吓得不敢下山。后来顽猴却趁着他熟睡后，悄悄地击鼓玩耍。

老汉醒来后，看见猴子打鼓觉得奇怪，看着看着，不禁被猴子击鼓，边跳边舞的动作所吸引。于是他暗暗记住了这些动作，回家后模仿起老猴打鼓，于是便有了这猴鼓舞。

主鼓手一边以鼓点指挥铜鼓演奏，一边跳起老猴舞，以舞姿表现众人的愿望，让死者的灵魂登天，驱散众人心头悲伤的阴影，消除灾难。他左跳右跳，双腿并拢微曲，然后双槌击鼓，手中的小木槌则有规律地从头顶、两耳、双肩、大腿、小腿等部位，相向互击，或左或右地绕皮鼓转圈。

老猴舞的舞姿动作，似老猴攀援、摘果，也似农事劳动的挥锄、挖地、点种，让人从中看到后人对前人艰辛创业的深深敬意。

跳老猴舞时，那牛角号的低沉、铜鼓声的铿锵、皮鼓声的凝重浑厚，久久地回荡在山中，带着众人对先人的缅怀之情，响彻云天。

阅读链接

在我国，画猴的历史可以追溯到宋代，因为"猴""侯"同音，所以古代吉祥画常把猴子与蜜蜂或枫叶和马画在一起，取"马上封侯"之意。

不过，在清代以前的猴画大多有烦琐的背景，猴的造型本身并不出色。直到后来把造型带到现代画坛之后，艺术家们对猴子形象的塑造才生动精彩起来，最有代表性的就是新中国连环画奠基人，被誉为"当代画圣"的刘继卣画的《西游记》连环画中的猴子，那真是形神兼备，惟妙惟肖。

既报晓又驱灾的酉鸡

相传在尧帝时期，友邦上贡一种重明鸟，据说能驱灾辟邪。大家都欢迎重明鸟的到来，可是贡使不是年年都来，人们就刻一个木头的重明鸟，或用铜铸重明鸟放在门户里，或者在门窗上画重明鸟，吓退妖魔鬼怪，使之不敢再来。

因为重明鸟的模样类似鸡，以后就逐步改为画鸡或者剪窗花贴在门窗上，也即成为后世的剪纸艺术的源头。我国古代特别重视鸡，称它为"五德之禽"。

■圆明园十二生肖鸡首

《韩诗外传》说，它头上有冠，是文德；足后有距能斗，是武德；敌在前敢拼，是勇德；有食物招呼同类，是仁德；守夜不失时，天明报晓，是信德。所以人们不但在过年时剪鸡，而且也把

■ 生肖鸡雕刻

《玄中记》产生时期较早的志怪小说代表作。它上承远古传说，从《山海经》所载的殊方绝域、飞禽走兽、奇花异木、山川地理的神话演化而来，广罗天下奇闻轶事；它下启六朝志怪，书中内容所载多为后代志怪小说所借鉴。由于它在撰述体例上的特殊形式，被划归为地理博物类志怪小说。

新年首日定为鸡日。

在我国古代的风俗中，正月初一叫作"鸡日"，这一天不杀鸡，门上贴鸡画，表示驱邪祈平安的意思。大概是"鸡"与"吉"的音相近。

古时候，春节在门窗上画鸡来驱鬼怪邪气。东晋文学家郭璞著的志怪小说《玄中记》里，讲到了度朔山上的这只天鸡，说是当太阳刚刚升起，第一道阳光照到这株大树上时，天鸡就啼鸣了。它一啼，天下的鸡就跟着叫起来了。所以春节所剪的鸡，其实就是象征着天鸡。

古人对婚礼是异常重视的，所以婚礼中的每一个礼节都是很有讲究的。婚礼中的抱鸡风俗，也不是偶然的，而是赋有许多特定的意义。

抱鸡其实只是一种仪式，并不是真的抱着鸡，而是在结婚时，在男方迎亲的车中，须有一只红色的大雄鸡，装在蒙着红布的笼子中，和负有抱鸡责任的10岁左右的男性儿童。

女方也须有抱鸡人，不过抱的是一只母鸡，并且在成亲三日后，母鸡必须被卖掉。这就是结婚时必不可少的抱鸡礼俗，亦称鸡礼。

自周代至今，虽历数千年，社会制度几经变化，社会文化不断发展，婚姻六礼不断改革、简化。然而，由于鸡礼有许多的重大意义，因此抱鸡风俗得以沿袭。

鸡作为十二生肖中的动物，最显著的象征意义就是守信、准时。公鸡报晓，意味着天将明，再进一步引申，则象征着由黑暗到光明的解放。

鸡在我国传统文化中被视为吉祥物，鸡鸣报晓，鬼怪避之，鸡吃毒虫，剪除"五毒"。在我国山东、河北、山西一带，每至除夕夜仍贴大公鸡画于门户上，以求避邪除凶、驱恶趋吉。

鸡在十二地支属酉。"酉"为象形字，象酒器。雄鸡报晓，旭日东升。雄鸡一啼，都不会误时的。

鸡守夜报晓，对于古人来说意义非常大。古代的计时工具非常简陋，如漏壶，它虽可计时却不可能按时叫醒人们。没有后来的闹钟，睡梦中的人们不知道到了什么时候。这时金鸡报晓，告诉人们天快亮了，应该起床准备工作。

人们常说"日出而作，日落而息"，但起床却不能等到日出而起，何况太阳并非天天都出来，阴雨天气便失去了观察太阳以定时间的依据。而鸡不管酷暑寒冬，还是阴晴雨雪，它都守信报晓，决不偷懒。可以说，正是因为有了鸡在黎明时的打鸣报晓，人间才开始有了新的一天的烟火和生机。

鸡在日常生活中，几乎随处可

五毒 民间传说中的"五毒"指蛇、蜈蚣、蝎子、蜘蛛和蟾蜍五种动物。谷雨节流行尽杀五毒的习俗。谷雨以后气温升高，病虫害进入高繁衍期，为了减轻虫害对农作物及人的伤害，农家一边进田灭虫，一边张贴谷雨贴，进行驱凶纳吉的祈祷。

■ 圆明园十二生肖鸡

见。它的繁殖能力强，成活率高，对环境没有什么特别的要求，无论何地都可以饲养。

鸡作为飞禽，其飞行能力大大退化。比不上其他的飞鸟，能够自由自在地翱翔蓝天；在地上行动奔跑，比不上马狗的迅疾灵巧，所以鸡显得很平凡。它也因此具有平凡、大众化和柔弱的象征意义。

雄鸡能勇斗，见敌敢战，古人便想象其具有避邪的神力。古人常用鸡来驱邪和祭祀。杀鸡驱邪是一种巫术，也就是一种迷信。早在先秦时期，就有用鸡和鸡血驱邪的活动。古人认为，鸡和鸡血具有驱鬼邪去灾祸的作用。

古人对祭祀非常重视。在众多的祭祀用牺牲中，鸡就是其中之一。用鸡祭祀祖宗，一直都盛行在我国的一些地区。

鸡还用于判案。景颇族就有用鸡鸣作为神判的方式。争讼双方各携一只活公鸡到约定地点，先由巫师念经，念毕双方纵鸡，视约鸣叫以决胜负。先叫者败诉，后叫者或不叫者胜诉。

生之由来

生庚生肖与寿诞礼俗

阅读链接

古人认为，雄鸡守夜不失时、天明早报晓，极具信德，加之头上有冠、足后有距、敌前敢拼、不享独食，兼具文、武、勇、仁、信之德，故冠之以"五德之禽"的美名。

鸡在很多神话里还是拯救世人的神物。如《西游记》里，唐僧师徒被蝎子精围困时，二十八宿之一的"昴日星官"下界捉妖，他现出公鸡本相，长鸣两声即令蝎子精当场毙命。

汉代奇人东方朔在其所撰的《神异经》里更是夸张地描述了神鸡的威力。东方朔称，大荒东极的扶桑山上有玉鸡，玉鸡鸣则金鸡鸣，金鸡鸣则石鸡鸣，石鸡鸣则天下之鸡鸣，悉鸣则潮水相应，东方渐明。

象征忠诚而善良的戌狗

三国时候，住在襄阳的李信纯曾经到城外饮酒，大醉，在回家的路途中倒在草中酣睡。当时正值太守烧荒围猎，火焰四起。李信纯身旁的家犬黑龙见势不妙，用嘴不停地拉拽李信纯。可是主人醉得很厉害，一点反应都没有。

于是，黑龙就跑到三五十步远的溪水里沾湿全身，返到主人身边，把身上的水甩落在主人身边的草上。如此反复多次，最后主人得救了，而黑龙却累死了。

当李信纯酒醒后，发现狗舍身救己后，就告知太守。太守感慨道："犬的报恩甚于人。人不知道报恩，还不如狗啊！"于是为此狗修了一座义犬冢。

圆明园十二生肖狗首

陶潜 即陶渊明，又称五柳先生，私谥"靖节"，我国东晋末期南朝宋初期诗人、文学家、辞赋家、散文家。陶渊明曾做过几年小官，后辞官回家，从此隐居，田园生活是陶渊明诗的主要题材，相关作品有《归园田居》、《桃花源记》、《五柳先生传》和《归去来兮辞》等。

旧时，晋代文学家陶潜的《搜神后记》卷9有《杨生狗》一则，描述了狗救主人杨生的故事。杨生夜行不慎落入井中，狗彻夜狂吠，引来一人，此人要以狗为回报方能施救杨生。杨生不许，狗却向他点头示意，杨只好应允。当杨生出井后第五天，狗乘黑夜返回到杨生家中。

狗善解人意，能忠诚守信地送信引路。《太平广记》卷94引南朝梁文学家任昉《述异记》载，文学家陆机家有一犬名黄耳，此犬机敏聪慧，能理解人的语言。陆机在洛阳做官的时候，很长一段时间得不到家中的音讯，于是便问黄耳："你能帮我送封书信吗？"黄耳一听主人让它送信，非常高兴，不停地摇动尾巴叫着，算是对主人的回答。

■花丝镶嵌生肖狗

陆机便将信装进竹筒，系在犬颈。黄耳奔跑了十几天，终于把信送回千里之外的江南家中。它口衔着竹筒，又作声表示要家人回信。家人看完以后，又以同样的办法让黄耳给陆机带回信。黄耳不负主人的期望，不辞辛劳，把信带回了洛阳，这令陆机大为欣喜。这就是典故"黄耳寄书"的出处。宋代大诗人黄庭坚为此还做诗《伯氏到济南》，称颂此事：

西来黄犬传佳句，

知是陆机思陆云。

由于狗的信实聪慧，忠勇护主，所以一直以来都有很多义犬助人、救人的感人故事。自从狗成了人类的朋友，它就始终表现得忠诚效力，尽职守信，成为忠诚守信的象征。

狗在十二地支中属戌。戌时为夜的开始，古人认为狗守夜，所以主"戌"。狗是人类患难与共的朋友，被认为是通人性的动物，它对人类特别忠诚，因而具有忠贞不渝的意义。

狗是人类的朋友，由狼驯化而来。史前时代即为人们饲养，在中华文明发展的长河中，狗一直扮演重要的角色。在我国古代，狗是"六畜"之一。

从我们祖先留传下的岩画、陶瓷、剪纸、刺绣上，可以生动地印证它和人类相处的风貌。通过这些图片，让我们更了解人类与狗的关系，从而善待狗与其他的动物，让人类社会与自然界和谐发展。

瓷塑狗玩具，在我国有悠久的历史。在我国西安半坡村仰韶文化遗址的儿童墓葬中，曾出土有很多陶狗，后经考古学家、历史学家、民俗学家考证，认为这些小狗就是最早的儿童玩具。

在我国甘肃、青海马家窑、马厂文化遗址，出土

■圆明园十二生肖狗像

信 古代称作"尺牍"。古人是将信写在削好的竹片或木片上，一根竹片或木片约在一尺到三尺之间，所以叫尺牍。"信"在古文中有音讯、消息之义，如"阳气极于上，阴信萌乎下。""信"也有托人所传之言可信的意思。在我国古代的书信中，最著名的是秦朝李斯的《谏逐客书》。

■生肖狗石刻

有彩陶时期的各种狗的器物模型。到了汉代，早期青瓷中出现了瓷质的狗玩具。随后的唐宋之际，是中国古代玩具大发展的鼎盛时期。

明清以后，陶瓷玩具逐渐被泥质、木质、布质、竹质、银质的各种民俗玩具狗所取代，而用陶瓷表现的那种古朴憨厚、稚拙可掬的狗的韵味，也就随着时光的推移而远逝了。

民间工艺品"泥泥狗"，是我国自古流传下来的最古老而优秀的泥塑艺术品。泥泥狗反映了古老母系生殖崇拜观念等文化内涵。不仅保留了古代玩具的风貌，还蕴含了很多民间神话传说。泥泥狗代代相传，寄托了人们对人类祖先的缅怀和崇拜。

泥泥狗代表着吉祥安康、辟邪消灾。泥泥狗是原始艺术的延续和拓展，记录了人类文化发展的轨迹。

阅读链接

《太平广记》记载，古时有个叫华隆的年轻人热衷打猎，他还专门养了一只猎犬。

有一次，华隆追赶猎物到江边时，突然遭到了一条巨蛇的伏击。巨蛇裹缠攀附在华隆身上，越缠越紧，华隆又惊又怕，当即昏厥倒地。猎犬猛冲上前，与巨蛇激烈搏斗，终于咬死了巨蛇，但华隆仍僵卧在地毫无知觉。猎犬见状立刻狂奔回家，在家人面前仓皇泣嚎，又在路间往返狂奔。家人见狗举动反常，便跟随它一路赶去，到江边时才看到闷绝在地的华隆。

代表幸福和富足的亥猪

相传，自唐代开始，殿试及第的进士们相约，如果他们中间的人在今后任了将相，就要请同科的书法家用朱书即红笔题名于雁塔。因"猪"与"朱"同音，"蹄"与"题"音谐，所以猪成了青年学子金榜题名的吉祥物。

每当有人赶考，亲友们都赠送红烧猪蹄，预祝赶考的人朱笔题

名。后来，这种习惯逐渐扩大，人们在新年时互赠火腿，因为火腿是用猪蹄烤制而成的。

民间还认为肥猪拱门吉祥，肥猪俨然成为一个传送福气的使者。所以，有俗语说："猪是家中宝，粪是地里金。"猪是聪明的动物，它并不笨，也非本性爱脏，而是后天环境使然。猪

■圆明园十二生肖猪首

■圆明园十二生肖猪像

是可以训练的，可见它是有智慧的。

"猪"与"诸"音同，常被借用为诸事吉利，佳年诸吉。所以在我国的传统文化中，猪一直都有吉祥如意的寓意和象征。

猪作为人的生肖属相之一，猪和十二地支中的亥相配，称为亥猪。虽排在第十二位，但在古代人的心目中，却有着很重要的地位。

在我国，"生肖十二个，人人有一个"，因此，生肖猪被人们赋予聪明才智和寄予良好的祝愿，成为人们喜爱的灵性吉祥之物。

猪又名印忠、乌金、黑面郎、黑爷。古称豕，又称彘、豨，别称刚鬣。《朝野佥载》说，唐代洪州人养猪致富，称猪为"乌金"。

在华夏的土地上，早在母系氏族公社时期，就已开始饲养猪、狗等家畜。浙江余姚河姆渡新石器文化遗址出土的陶猪，其图形与现在的家猪形体十分相似，说明当时对猪的驯化已具雏形。

汉字的"家"字部首是"宀"，象征房屋，下半部是"豕"，也就是代表猪的"豕"字。因此有此一说，房屋加猪等于家，豕即财富。在农业社会中，如果家里没有养猪，就不成为"家"了。

作为家猪，猪又是那样的憨厚老实，安分守己，从不去加害于任何人，并为人们带来了经济上的富足，成为百姓们的聚宝盆。

在上古的时候，猪的文化意义不含有任何的贬义，相反，猪是衡量勇敢的尺码。不但"家"的含意是在房屋内养猪，就连当时的社会活动，也以与猪有关的事为中心。

例如甲骨文"事"字，作双手举长柄网捕捉猪或野猪之状。而人的素质，也以猪事为坐标来衡定，如"敢"字，有徒手捉猪以示勇敢之意，那么不能捉猪便视为怯懦。

家猪显得温顺老实，那是因为长期被人类驯养，与大自然隔离而丧失了其本性。而野猪性情凶暴，善于搏击，于是基于这一特点，猪便含有了勇往直前的意思。

在我国古代，人们认为猪是一种灵物，受到社会普遍崇拜。在古代人看来，猪是聪明、智慧、威仪、刚烈、勇猛、繁殖力强的象征。

古代人对猪非常崇拜。西汉末年的王莽，还把他的精锐部队取名"猪突勇"，意思是野猪勇猛、精锐。在魏晋南北朝时期，有人把战舰命名为"野猪"，以表示勇猛和必胜。

在民间艺术中，猪象征着自力更生、勤劳致富。而年画中的"肥猪拱门"更是深入民心，它表示丰收吉庆，福气财气齐聚。

在天津、河北等地，有"肥猪拱门"的节日窗花，是用黑色蜡光纸剪成的。猪背上驮一聚宝盆，张贴时左右各贴一张，表示招财进宝

■生肖猪石刻

之意。

陕西一带有送猪蹄的婚俗。结婚前一天，男方要送四斤猪肉、一对猪蹄，称礼吊，女方将礼吊留下后，还要将猪前蹄退回。婚后第二天，夫妻要带双份的挂面及猪后蹄回娘家，留下挂面，后蹄退回，俗称"蹄蹄来，蹄蹄去"，表示以后往来密切。

云南西双版纳的布朗族，在婚礼的当天，男女两家要杀猪请客。除请客外，还要将猪肉切成小块，用竹竿串起来分送各家，以示骨肉之亲。

云南佤族有猪胆卦的占卜风俗。杀猪后，根据猪胆判断吉凶。如果胆纹上下行，胆内水分多，为吉卦；胆纹左右行，胆内水分少，为隐卦。一般在举行重大活动时使用，由巫师卜卦。

此外，猪和婚姻爱情还关联在一起。比如在湘西侗族地区，流行猪耳朵定亲的习俗。土家族则流行猪尾巴催亲的习俗。

自古以来，猪是富足吉祥的象征，它的憨态可掬让人喜爱，它是兴旺家业的聚宝盆，让世人的心中贮满了发财致富的梦想，只要勤劳肯干便能成为现实。

生之由来

生庚生肖与寿诞礼俗

阅读链接

对于猪的形象，我国在很早以前就有人工塑造。比如考古工作者在河姆渡新石器文化遗址中，曾经发掘出土过陶猪，与现在的家猪形体十分相似，说明当时的猪已近驯化。

猪憨厚老实，安分守己，从不去加害于任何人，并为人们带来经济上的富足。唐代洪州人养猪致富，称猪为"乌金"。家猪从头到尾，都是人们百吃不厌的美食，被农家视为"聚宝盆"。所以我国民间有"贫不丢书，富不丢猪"的说法。

寿诞礼俗

　　古人说："六十花甲子，七十古来稀。"就古代生活条件和医疗条件而言，老人能活到六七十岁已属不易，子女们庆幸自己的双亲长寿，必然要有一番很热闹的祝贺活动，盼望生命之树常青，寿禄之神常临，老人健康长寿，颐享天年。

　　古人还创造了吉祥人物寿星，时常加以寿礼；把寿字用许多形体写出来，组成"百寿图"，择定许多长寿的象征物，入诗入画，借以寄托长寿愿望。所有这些都构成了我国传统寿诞礼俗的丰富画卷，而其中寿礼最为突出。

鹤发童颜的老寿星彭祖

我国古代地方志《华阳国志》中记载，四川眉山彭山镇有一位名叫彭祖的人。古人把他视为天上的寿星，是因为他保持着最高长寿纪录，767岁。这种说法来自东晋葛洪的古代志怪小说集《神仙传》。

■彭祖像

767岁高龄自然不可信，这是以当时66天为一年纪年的方法所指的年纪，是古时彭山一带"小花甲计岁法"的结果。小花甲计岁法源于"六十甲子日"，就是古代所传50个星宿神依次值日一圈的时间。

民间崇拜上天星宿，凡人寿命皆与星宿对应，便以60个星宿神轮流值日一周的时间为一岁。如果按后来365天作为一年记，彭祖的实际寿命为159岁。

767岁的高寿虽假，但历史上彭祖似乎确有其人。《史记·楚世家》记载了他的显赫出身，他是"五帝"之一颛顼的孙子。而有关他的长寿故事早在秦汉以前就已流传。战国时期楚国诗人屈原的长诗《天问》中就曾提到他，孔子和庄周在自己的著作中也都将他视为长寿的典范。

彭祖像

彭祖虽然不是天上寿星，但人们确信他掌握了一套养生的方法，是真实生活中靠修炼获得长生不老的成功者。这也是人们将他与寿星合二为一的原因。

可以活到767岁，这是怎样一种长生不老的养生术？《庄子·刻意》中有记载：

吐故纳新，熊经鸟伸，导引之术，彭祖寿考者好之。

吐故纳新是说用意念调节呼吸，熊经鸟伸和导引又是怎么回事呢？所谓"熊经"，是指模仿熊攀援的动作，所谓"鸟伸"，是指模仿鸟类尤其是鹤展翅引颈的姿态。由此可知，彭祖的导引术实际上是一种模仿动物形体动作的健身体操。

先秦道家认为，天地是不朽和永恒的，天地化生万物、孕育生命，这是天地至仁至善之大德。人们认为天是仁慈的，本来在赋予生命的同时也教给人们长寿之术。可是后来人们沉浸在各种物欲功利带来的肤浅快乐中不能自拔，于是渐渐失去了长寿本能。但还是有补救办法，那就是道家主张的"道法自然"，向自然界的动物们学习。

■ 彭祖塑像

炼丹术 又称为
"金丹术""炼金
术""点金术"或
"黄白术"，是
炼制"神丹"的
方法。我国古时
有"成仙"的说
法，古人认为人
的肉体可借助某种
神奇的药物而获得
永生，而冶金术被
古人认为是制作
这种"神丹"的
唯一方法。

模仿熊，是因为熊能在冬眠期长达数月不进食，养生家认为这是因为他通晓食气辟谷之术。模仿鹤的理由似乎是看中它的优雅和扶摇升空时自在逍遥；或许人们想象自己得道成仙那一刻，也应当像仙鹤那样优哉游哉。

魏晋以来，道教的养生理论渐成体系，托名彭祖的著述多达数十部，有《彭祖养性经》、《彭祖摄生养性论》及《彭祖养性备急方》等。除了导引气功、炼丹术、中医中药等养生疗病理论以外，还涉及烹饪饮食和房中术。

道教经典中早就谈到人的这两种生理需求，"食、色，性也"，认为这是人与生俱来的欲望。与儒家视之为洪水猛兽的态度截然相反，彭祖养生术不避讳谈食谈色，并将其作为重要的修炼内容。

所谓食，是指饮食烹饪术。过去厨师行业将彭祖作为祖师爷,因为彭祖是有记载以来的第一位美食家和技艺高超的厨师。早在屈原的《天问》中,就提到彭祖调制野鸡羹献给尧帝的著名典故:作为当时部落首领的尧帝指挥治水,由于长期心怀部落和部众安危,尧帝积劳成疾,卧病在床。数天滴水未进,生命垂危。

就在这危急关头,彭祖根据自己的养生之道,立刻下厨做了一道野鸡汤。汤还没端到跟前,尧帝远远闻到香味,竟然翻身跃起,食欲大动,随后一饮而尽,次日容光焕发。此后尧帝每日必食此鸡汤,虽日理万机,却百病不生,此事被传为美谈并流传下来。

雄鸡当时并不罕见,配料也无玄机,关键就在彭祖的另一秘方上。古籍《彭祖养道》上曾记载:"帝食,天养员木果籽。"一碗普通的鸡汤能够有点水成药的养生功效,其实是来自这枚小小的茶籽。

因此后人认为,彭祖正是知道茶籽的养生功效,才会一招中的。尧帝在位70年,终于118岁仙寿的秘密也尽在这茶籽之中。

彭祖烹饪手艺之高超,居然可以治愈厌食顽症,那么吃出健康长寿的观念也就很容易被人们接受。饮食烹饪术随即被纳入养生理论,并与导引健身相辅相成。

模仿长寿动物的形体动作可以长生不老,而另一种更直接的方法是把它吃下肚去。于是所谓长寿动物如乌龟,鹿,鳖都成了长寿滋补品,借助导引体操和烹饪美食达到健身长寿目的,可谓是双管齐下。

关于彭祖的传说故事有很多。

■寿星图

祝福双全
寿诞礼俗

■陈抟画像

传说原来彭祖和陈抟老祖两人，都在天宫玉皇大帝身边主事。一个管着诸神的生死簿，一个管着功德簿。有一天，陈抟对彭祖说："我劳累过度，想好好睡一觉。如有要紧事，你把我叫醒。"彭祖答："好，你尽管放心睡觉去吧！"

彭祖一见陈抟去睡觉，想乘此机会到凡间游玩一番。他代陈抟更换生死簿名单，发现他的名字也在上面。彭祖一想：不好，如果我到凡间被玉帝发现了，就会很快派人把我召回。

彭祖灵机一动，把生死簿上写有"彭祖"名字的那一页纸撕了下来，捻成纸绳订在本子上。从此，这个生死簿上，再也找不到彭祖的名字，他才放心地下凡去了。

彭祖流落人间，做了商代士大夫。他先后娶了49个妻子，生了54个儿子，都一一衰老死亡，而彭祖依然年轻力壮，行动洒脱。当他娶了第50个妻子后，就辞官不做，到处游山玩景，直到这第50位妻子由当年的黄花闺女变成老太婆时，才定居到宜君县一个小山村。这时彭祖已800岁了。

有一天晚上，夫妻俩睡在床上聊天，妻子问他："我是快死的人了，我死后你再娶妻不娶？"彭祖毫不介意地说："当然还要娶，不然谁陪伴我！"妻子又问："你怎么一直不会衰老呢？难道生死簿上没有

士大夫 古时做官吏或较有声望、地位的知识分子。在中世纪，我国所独有的人事体制为通过竞争性考试选拔官吏，因而形成了一个特殊的士大夫阶层，即专门为做官而读书考试的知识分子阶层。士大夫出现于战国，在我国历史上形成一个特殊的集团。

你的名字吗？"

彭祖哈哈大笑回答说："我永远不会死的！生死簿上有我的名字，他们就是找不着。"妻子接着问："那你的名字在什么地方？"彭祖一时得意说出了实情。妻子这才明白彭祖一直不死的奥秘。

这位妻子死后，脱下凡胎肉体回到天宫，向玉皇大帝诉说了此事。玉帝听后恍然大悟，命差神赶快去叫陈抟老祖。谁知陈抟这时还没有睡醒，玉帝只好另派二位差神下凡去找彭祖。

由于年代久远，下来的差神根本不认得彭祖，找寻许久毫无音讯，又不敢轻易地回到天宫交差，只好遍跑人间，四处打听。

一天，两位差神来到宜君县彭村，乘木匠吃饭之机，偷走解板大锯，到打麦场上使劲地锯一个碌碡，一下招来很多乡亲围着看稀奇。

这时，彭祖也前来观看。人们七嘴八舌，议论纷纷，彭祖也因自己年事高，经历广，趁机讥笑说："我彭祖活了800岁，没见过有人锯碌碡。"

话音刚落，二位差使把锯一扔，当场就锁住了彭祖。这天夜里，彭祖就去世了，享年800余岁。

阅读链接

相传孙膑18岁离开家乡到千里之外的云蒙山拜鬼谷子为师学习兵法。一去就是12年，那年的五月初五，孙膑猛然想到："今天是老母八十岁生日。"于是向师傅请假回家看望母亲。师傅摘下一个桃送给孙膑说："你在外学艺未能报效母恩，我送给你一个桃带回去给令堂上寿。"

孙膑回到家里，从怀里捧出师傅送的桃给母亲。没想到老母亲还没吃完桃，容颜就变年轻了，全家人都非常高兴。人们听说孙膑的母亲吃了桃变年轻了，也想让自己的父母长寿健康，便都效仿孙膑，在父母过生日的时候送鲜桃祝寿。

张果老高寿和麻姑献寿

■张果老玉雕

那是在很久以前，在蔡里山坡上有一座古庙，庙中有一老僧带着三个和尚。最小的和尚叫张果老，除侍候老僧外，还干劈柴、担水等杂活。

一天晚上，张果老挑满缸水，至次日，一滴未用，缸水竟然全无。老僧责骂他偷懒。

张果老不知其因，只得重新挑满缸水。第二天，缸水又不用而尽，老僧气怒，将其痛打一顿。张果老甚感委屈，心中诧异，决心弄个水落石出。晚上，又挑满缸水，藏于暗处窥视。半夜时分，忽从庙外跑进两个白胖光腚小孩，来至缸前，头伸进缸中喝水。张果老上前捉拿，转瞬不见了。

■张果老倒骑驴雕塑

张果老便把所见情景如实告知老僧。老僧命张果老仍把缸水挑满，不要声张。晚上，老僧拿根钢针，纫上长长的绒线，和张果老一起藏于水缸不远的暗处。

不久，果然有两个光腚小孩又来缸边喝水。老僧乘他们头伸进缸中之时，跑上前去，把钢针扎进小孩屁股上，只听"哇"地一声尖叫，小孩又不见了。

老僧和张果老顺着绒线查找，至庙外墙角处，红线入地。老僧令张果老拿来铁锹挖掘，结果挖出两个形似人体的东西来。老僧知是人参，令张果老烧火煮熟，并告知不准品尝。

张果老把挖出之物放于锅中，生火煮了一会儿，香气扑鼻，馋得口水直流，终于忍耐不得，捞出品尝，味道鲜美。张果老仍馋涎不止，索性取出吃个精光。张果老畏老僧责怪痛打，想逃走了事。

出庙门，见树上拴一头毛驴，回头把锅中所剩汤水取出给驴喝了，然后骑上驴背，朝东逃去。由于担心老僧前来追赶，他便倒骑毛驴往后观望。

后人传说，张果老食仙参已成仙人，毛驴喝了汤水也成为神驴，张果老骑着毛驴遨游四海去了，后来还被封为"八仙"之一。

张果老是"八仙"中最老的一位。他本名张果,但是人们为什么又称他为"张果老"呢?据说他年岁大得出奇,寿龄竟高达8000岁,所以就称他为张果老了。

在"八仙"中,张果老最为奇特的地方,就是"老"。在《新唐书·方伎传》中记载说,唐代初年,张果老隐居于恒州中条山一带深得仙道,常在汾、晋间往来,世传数百岁人。唐玄宗时,他应召入朝,自称"生于尧丙子年"。据此,张果老的年岁,至少要上推3000多年。

还有一说是在唐代有一个道士叶静能,自称天上、地下全知,在唐玄宗面前很得宠,唐玄宗向他问及张果老的来历时,叶静能说"张果老是混沌初分时的蝙蝠精"。

"混沌"是道教中所指的世界天地尚未形成前的状态,由此,张果老几乎与天地同寿,可见他之老了。

张果老骑驴画像

这只是后世传说之言,不足信也,根据邢台市《顺德府志》记载,张果老高龄140岁寿终,当属比较可靠,也属比较长寿的人了。

张果老给人们最深刻的印象便是他的坐骑和他的倒着骑毛驴,他骑的是一匹纸驴,而且是面朝后,倒骑在驴背上。此驴非同普通的驴,它能"日行数万里",休息时,还可以将驴折叠起来,放入口袋里,若需要时,"则以冰噀之,

还成驴矣。"此驴更可以漂洋过海，真是无所不能。古时有诗赞张果
老说：

> 举世多少人，无如这老汉；
> 不是倒骑驴，万事回头看。

在我国的传统观念中，麻姑是一位寿延千年的女寿星。在女性
长者寿诞之际，家中的寿堂上往往会张挂一幅美丽吉祥的《麻姑献
寿》。图中的麻姑手中托着贡盘，内装自己酿造的灵芝酒，以及金
樽、酒壶和仙桃等，而麻姑呢，她正笑容可掬地凝望着你。

我国古代神话传说中的麻姑，是一位相貌出众、聪慧伶俐的女神
仙。相传她18岁的时候，便有很深的道术，经她之手扔出的米粒，可
以立时变为金珠。

关于麻姑的来历，历史上有许多不同的传说。有的认为她是后赵

石勒时悍将麻秋之女，史籍中记载她时写道：

> 为人猛悍，筑城严酷，昼夜不止，惟至鸡鸣少息，麻姑心怀恤民之念，常假作鸡鸣，群鸡变鸣，工得早止。后父觉疑，欲挞之，姑惧而逃，入仙洞修道。

也有的人说她是晋代仙家王方平的妹妹，也有的人说她是唐代解放出宫的美女。在我国的民间还有传说，说麻姑乃是秦始皇的女儿，面麻而心善。

修筑长城时，秦始皇叫她传旨让民工"三天吃一顿饭"，她则传为"一天吃三顿饭"，并谴责秦始皇暴政，因此被杀。她被杀的七月十五日，唐山地区将其作为"麻姑节"，百姓年年祭祀这位善良的女仙。

麻姑在大多数图画中，都被描绘成一位年轻美貌的女子，可是，据晋代炼丹家葛洪《神仙传》记载，麻姑曾与仙人王方平"不相见忽已五百年"，可见麻姑的寿命至少已有数千年之久。

更令人惊奇的是，麻姑自言已经三次看到东海变成桑田，可见，麻姑的年龄已有千万年之久了。据《神仙传》载，麻姑是建昌人。在南城县西南5千米处，

葛洪（约281—341），字稚川，自号抱朴子，世称小仙翁。是东晋时期著名的道教领袖，擅长丹道和医术，精通道儒，学贯百家。在治术、医学、音乐和文学等方面也多成就，主要著作有《抱朴子》。

096
生之由来
生庚生肖与寿诞礼俗

■《麻姑献寿图》

有一座麻姑山，山势雄伟，高4.5千米，主要山峰都以长寿等吉祥语命名，如万寿峰、五老峰、葛仙峰、秦人峰等。相传这里是麻姑得道之处。

■麻姑雕塑

她和东汉仙人王方平曾在此相会，山上有"会仙亭"。山上还有"麻姑仙坊"，唐代即有庙祭祀，道教称"第二十八洞天"。

麻姑山中多特产，其名多与麻姑有关，取长寿吉祥之义。如麻姑酒、麻姑茶、麻姑米等，均享盛名。

有关麻姑传说中最为著名的还在于她的为西王母祝寿的故事。相传农历三月初三西王母寿诞那天，麻姑在绛珠河畔用灵芝酿成美酒，献给西王母。西王母一时高兴，便封她为女仙，于是麻姑献寿故事就此流传开来。

阅读链接

张果老善骑驴，民间对他倒骑毛驴的传说颇多。据说有一天，饥肠辘辘的张果老途经一处古庙，突闻一阵奇异的肉香，便将白毛驴拴系在庙侧古树上，闯进庙里打开灶上的锅盖，饱餐一顿。正在这时，忽听身后一声吆喝："何地村夫，敢偷吃俺采摘来的仙药'何首乌'？"张果老闻声，扔下铁锅，解驴便逃。

奇怪的是，这时张果老竟变得身轻如燕，连毛驴也像离地而起。待远离了古庙，他才发现慌乱之中竟是倒骑在驴背上的。从此，张果老便倒骑着毛驴行路。

东方朔偷桃成长寿之祖

汉武帝即位之后，广征四方人士，这时候，东方朔上书自荐，被诏拜为郎。后任常侍郎、太中大夫等职。他性格诙谐，言词敏捷，滑稽多智，常常讽刺诤谏汉武帝的过失，因此而被称为忠臣。

■东方朔偷桃

可是，这样一位忠臣在民间的传说中还曾偷过西王母的仙桃呢。

传说有一次汉武帝寿诞之日，有一只黑鸟降落在殿前，汉武帝问东方朔那是什么鸟，东方朔说是西王母饲养的青鸾鸟，它的到来，预示着西王母将要下凡来为陛下祝寿。

汉武帝听后，龙颜大悦。过了一会儿，西王母果然降至，晋谒汉武帝之后，还献上盛有七只仙桃的玉盘，托东方朔转呈汉武帝。可是东方朔只将其中五只献给汉武帝，自己偷偷留下两桃。

汉武帝不知道，还命令侍臣种植桃核，西王母知道后阻止他说："这桃可不能种在下界，它的枝叶伸展方圆三千里，三千年才开一次花，过三千年结一次果，此桃已是第三次结果，但这小子每次都偷我的仙桃。"

东方朔本来只是一个历史人物，与长寿并不沾边，但因为偷吃了西王母的仙桃，而此桃是三千年才开一次花、三千年结一次果，那么偷吃了三次仙桃，寿命起码也应在一万八千岁以上了，难怪民间要把他奉为长寿之祖了。

明代画家唐寅曾画有东方朔像，并题诗云：

王母东邻方小儿，偷桃三度到瑶池。
群仙无处追踪迹，却自持来荐寿厄。

东方朔因个子矮小，故被戏称"小儿"。在旧时为老人贺寿之日，人们往往在寿堂上悬挂东方朔的图画，以此来象征长寿和吉祥。

彭祖也是我国民间传说中一个以长寿出名的神仙

■黄杨木雕东方朔

099

祝福双全 寿诞礼俗

东方朔 （前161—前93），本姓张，字曼倩，西汉著名道家，词赋家，幽默风趣且才华横溢。他是我国早期道教信徒之一。他一生行为和思想都反映了当时道教文化对知识分子的影响。是当时最博学的人，经常给别人讲述一些奇闻逸事，很多人都非常佩服。

■彭祖石刻像

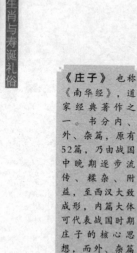

《庄子》也称《南华经》，道家经典著作之一。书分内、外、杂篇，原有52篇，乃由战国中晚期逐步流传、糅杂、附益，至西汉大致成形，内篇大体可代表战国时期庄子的核心思想，而外、杂篇发展则纵横百余年，参杂黄老、庄子后学形成复杂的体系。

人物。据说他是颛顼帝的孙子、陆终氏的儿子，生于夏代，至殷末已有800余岁。他常吃桂芝，800多岁容貌不变，尤其善于导引行气和房中术。

彭祖善养生，并享有高寿，这大概是符合历史史实的。在《庄子》、《荀子》等书中都有关于他的养生之道的记载。孔子也很羡慕他，在《论语·述而》中曾说："述而不作，信而好古，窃比于我老彭。"

有一种传说，说彭祖是一位名医，做得一手好菜，最拿手的是野鸡汤。一天，彭祖遇见了一位饥寒交迫的老人，就把老人领回家，做了野鸡汤给老人喝，老人喝后突然变得容光焕发，神采奕奕。

原来，这位老人是到人间来寻访的天帝。喝了彭祖做的野鸡汤，天帝心里一高兴，就赐他享寿800岁。屈原在他的《天问》中，针对这个传说曾提出一个问题：

彭铿斟雉，帝何飨？受寿永多，夫何久长？

意思是说彭祖调制的野鸡汤，天帝为什么要品尝？得到的寿命那么长，彭祖为什么还觉得惆怅？

彭祖是道教的尊神，更是民间长寿的象征，其画像在明代已出现。彭祖形象为浓眉细眼，秃头黑胡子，手里持有一根象征长寿的鸟头长拐，脸部表情沉静，略显呆滞，符合传说中彭祖平静无为、只重养生的性格。人们在寿联中，也常常提到他的名字，如"福禄欢喜，彭祖无极"等。

彭祖在我国历史上的影响很大。《史记》等史书也有关于他的记载。道家更把彭祖奉为先驱和奠基人之一，许多道家典籍保存着彭祖养生遗论。

晋代炼丹家葛洪撰写的《神仙传》中还特别为彭祖立传，当时的君王派人向他求道，他只说：

吾遗腹而生，三岁而失母，遭犬戎之乱，流离西域，百有余年。加以少枯，失

《史记》是由司马迁撰写的我国第一部纪传体通史，是二十五史的第一部。记载了上自上古传说中的黄帝时代，下至汉武帝太史元年间共3000多年的历史。《史记》最初没有书名，或称《太史公书》、《太史公传》，也省称《太史公》。

■彭祖塑像

四十九妻，丧五十四子，数遭忧患，和气折伤，荣卫焦枯，恐不度世。所闻浅薄，不足宣传。

彭祖晚年定居犍为郡武谋，病故后葬于此，碑撰"商大贤墓"，在四川彭山东不远处就有彭祖祠。一说钱镠曾修建过彭祖墓、彭祖庙等。葛洪在《抱朴子》一书认为800岁是彭祖出走时的年龄，得道成仙。又《释滞篇》里说彭祖为大夫800年，然后西去流沙河。

先秦时期，彭祖在人们心中是一位仙人。到了西汉，刘向《列仙传》把彭祖列入仙界，并称为列仙，彭祖逐渐成为神话中的人物。

我国古代第一部规模巨大、内容丰赡的文言小说总集《太平广记》中写彭祖：

> 传言千岁，色如童子，步行日过五百里，能终岁不食，亦能一日九食。

可见，在后世人眼中，彭祖俨然成为了一位不折不扣的寿星。

阅读链接

相传彭祖活了880岁，这是以当时60天为一年记年的方法所指的年纪，按现在365天作为一年记，实际寿命约为145岁。史传彭祖寿高880岁，乃古时彭山一带"小花甲计岁法"的结果。

小花甲计岁法源于"六十甲子日"，就是古代所传60个星宿神挨次值日一圈的时间。民间崇拜上天星宿，凡人寿命皆与星宿对应，便以60个星宿神轮流值日一周的时间为一岁，按此计算，彭祖实际寿数约合145岁。

道教大脑门儿的拄杖寿星

寿星，一说寿星原是二十八宿
中的角亢星，为东方苍龙七星，即
角、亢、氐、房、心、尾、箕之
一。每年五月初的傍晚，寿星便带
着长寿的吉祥之光出现在东方。

还有一种说法，认为寿星即是
老人星，亦即南极老人星。《史
记·封禅书》司马贞索隐：

■拐杖寿星木雕

> 寿星，盖南极老人星也，
> 见则天下理安，故祠之以祈福
> 寿也。

可见汉代时已认为寿星就是南

寿星戏孩青釉

极老人星，而天空中只要出现寿星，天下便平稳安定，所以当时人们祭拜它，以祈祷福寿。唐代时将角、亢与南极老人星都当作寿星，并设坛合祭，从此两种寿星崇拜遂合而为一。

寿星的人神化与祭祀风俗有关。东汉时每到仲秋之月都要举行敬老与祭祀寿星的活动。

《后汉书·礼仪志》中记载说：

> 仲秋之月，年始七十者，授之以王杖，哺之以糜粥。八十、九十，礼有加赐。王杖者九尺，端以鸠为饰，鸠者，不噎之鸟也，欲老人不噎。是月也，祀老人星于国都南郊老人庙。

王杖即鸠形手杖。传说鸠是一种胃口常开的"不噎之鸟"。老人使用鸠杖，寓有进餐可防噎的意思。朝廷赏赐王杖给70以上的老人，是古代尊老敬老、祝福老人健康长寿的体现，也是我国尊老养老史上的一段佳话。

由于祭祀寿星与敬老活动相结合，寿星遂定格为一位拄长杖的老人形象。南宋时的寿星像是"扶杖立"，"杖过于人之首，且佶曲有奇相"。明代，寿星长头短身的形象逐渐突出，所描绘的寿星形象是：

> 手捧灵芝飞蔼绣，长头大耳短身躯。

由于道教养生观念的融入，也使寿星形象发生相应的改变。最突出的要数他硕大无朋的脑门儿了，这是山西永乐宫壁画，可能是存世最古老的寿星形象。在永乐宫上千位神仙中，我们一眼就能将他认出，就是因为他那超级的大脑门儿。

关于大脑门儿的来历，有多种猜测，有人认为大脑门儿来自返老还童现象，老人和小孩有诸多体貌特征上的相似。比如初生婴儿头发稀少，老年人也是一样。而头发少自然额头就显得很大。

寿星的大脑门儿，也与古代养生术所营造的长寿意象紧密相关。比如丹顶鹤头部就高高隆起。再如寿桃，是王母娘娘的蟠桃会上特供的长寿仙果，传说是三千年一开花，三千年一结果，食用后立刻成仙长生不老。或许就是因为这种种长寿意象融合叠加，最终造就了寿星的大脑门儿。

老寿星木雕

我们都知道，在寿星的手中有一柄手杖。《汉书·礼仪志》记载，汉明帝在位期间，曾主持一次祭祀寿星仪式，还安排了一次特殊的宴会，与会者是清一色的古稀老人，普天之下只要年满70岁，无论贵族还是平民都有资格成为汉明帝的座上客。盛宴之后，皇帝还赠送酒肉谷米和一柄做工精美的王杖，王杖也称鸠杖。

魏晋以后，寿星的手杖产生了变化，其政治教化功能逐渐被削弱，原来象征特权的雕有斑鸠的王杖，换成一柄桃木的手杖。据说桃木能祛病强身，延年益寿。

福禄寿三星紫檀雕像

　　民间传说在大地的东北方是恶鬼居住的地方，有一道大门，称为万鬼之门，将恶鬼拒之门外。据说这道大门就是天帝用桃木做的。为了保险起见，在门前还栽种两棵桃树，来镇鬼驱邪。

　　有趣的是，后来人们通过研究发现，桃树的汁液的确含有某种抑制细菌生长的特殊成分。在过去中药里桃树枝也是一味药，并且人们相信朝向东北，也就是朝向鬼门方向的桃枝药力最佳。过去象征特权的王杖，成了寿星手中祛病强身的长寿吉祥物。

　　年画《寿星图》是民间喜爱的吉祥物，图上那位慈眉善目的寿星老人满足了人们对健康长寿的美好祈望，人们看到他便心旷神怡，从中得到一种心理的满足和精神的安慰。

　　在《寿星图》的四周还点缀有松、鹤、龟、桃、灵芝、葫芦等表示长寿吉祥的动植物，这就更增添了吉祥的气氛，突出了长寿的主题。还有些年画将寿星与福、禄二星画在一起，表现出既求长寿，又求官运、福运的意思，被称为"福禄寿图"。

后来，道教基于当时人们对于星辰的自然崇拜，便按照自己的意愿，衍生出了福、禄、寿三星，并赋予了他们非凡的神性和独特的人格魅力。

由于他们在民间的影响力，封建政府曾借助用于实施王道教化，道教也曾对他们大加推崇，以招徕信众，扩大自己的声势。虽然他们后来失去了高高在上的神威，却也因此获得自由，走入寻常巷陌，千家万户，成为古代民间世俗生活理想的真实写照。

福、禄、寿三星高照，人们常用"福如东海，寿比南山"来祝愿长辈幸福长寿。道教创造了福、禄、寿三星形象，迎合了人们的这一心愿，"三星高照"就成了一句吉利语。

福、禄、寿三星也是许多民间绘画的题材，常见福星手拿一个"福"字，禄星捧着金元宝，寿星托着寿桃、拄着拐杖。另外还有一种象征画法，画上蝙蝠、梅花鹿、寿桃，用它们的谐音来表达福、禄、寿的含义。

阅读链接

寿星的形象随着时间的流逝变得更具有喜庆色彩，最突出的是那长而大的光秃秃的脑门儿，民间称为"寿星头"。

关于寿星的特号大脑门儿，还有一则传说：寿星母亲怀上寿星九年，尚不能分娩，母亲十分着急，竟然问腹中的孩子："儿啊，你为什么还不出来？"寿星在娘胎中说："如果家门口的石狮双眼出血，我就要出生了。"这话被隔壁的屠夫听到了，就用猪血涂在石狮双眼中，结果寿星就急急忙忙从母亲腋下钻了出来。由于未足年份，寿星的头就变得长而隆起了。

献酒上寿开启寿礼先河

早在春秋战国时期，我国上层管理集团中已经出现了"献酒上寿"的原始形态的祝寿活动。《诗经·豳风·七月》云：

九月肃霜，十月涤场。朋酒斯飨，曰杀羔羊。跻彼公堂，称彼兕觥，万寿无疆。

■精美的寿酒

就是说，九月开始下霜，十月
打扫场院，等到一年农事活动结束
后，人们便杀羊饮酒，来到主人
公堂，举杯祝他万寿无疆。《诗
经·小雅·天保》又说：

■寿宴上的糕点

> 如月之恒，如日之升，
>
> 如南山之寿，不骞不崩。
>
> 如松柏之茂，无不尔或承。

这是臣子祝颂主人的话：您像月亮一样持久，像
太阳一样永恒，像南山一样长寿，像松柏一样四季常
青，人们没有谁不拥护您。

这些诗句表明，早在春秋战国时期，在一些欢
乐、喜庆的场合中，地位较低的人举起酒杯为地位较
高的人庆贺祝福。

当然，春秋战国以后的献酒上寿活动虽然并不一
定与特定的生日有关，但由于活动本身具有"为人上
寿"的特点，因此仍然可以说是祝寿礼仪的源头。

到了唐代，唐玄宗李隆基任用姚崇、宋璟等贤
相，励精图治，开创了大唐的极盛之世，而李隆基本
人也是琴棋书画、声色娱乐无所不能。729年，他的
丞相源乾曜、张说等上表，请将唐玄宗的生日定为
"千秋节"，并且说：

> 著之甲令，布之天下，咸令宴乐，群臣

《小雅》为《诗
经》的一部分，
共有74篇。《小
雅》中一部分诗
歌与《国风》类
似，其中最突出
的，是关于战争
和劳役的作品。
这些诗歌大都从
普通士兵的角度
来表现他们的遭
遇和想法，着重
歌唱对于战争的
厌倦和对于家乡
的思念，读来备
感亲切。

■ 青花童子祝寿图
插屏

以是日献甘露醇酎，上
万岁寿酒。

当时唐玄宗亲笔批复：

当朕生辰，卿等请
为令节，上献嘉名，自
我作古，是为美事，依
卿来请，宣付所司。

到了这一天，全国休假3
天，朝野上下共同举行庆祝
活动。从这以后，唐宋两代的许多皇帝都为自己的寿
辰制定了专门的节日。

如唐武宗寿辰叫"庆阳节"、唐宣宗寿辰叫"寿
昌节"、唐昭宗寿辰叫"嘉会节"、唐肃宗寿辰叫
"天成地平节"；宋太祖寿辰叫"长春节"、宋太宗
寿辰叫"乾明节"、宋真宗寿辰叫"承天节"、宋仁
宗寿辰叫"乾元节"、宋英宗寿辰叫"寿圣节"等。

庆贺生日这一习俗的基本核心还是思亲娱乐，与
儒家孝亲观念的大方向是一致的，再加上对当事人祝
吉祝寿的祈祥成分，因此，除皇帝以外，在唐宋时期
的许多官绅学士中也已普遍盛行祝寿活动。宋代"豪
放派"大文豪苏轼曾作诗祝贺弟弟苏辙生日：

但愿白发见，年年作生日。

豪放派 宋词风
格流派之一，与
"婉约派"并为
宋词两大词派，
代表是苏轼、
辛弃疾。"豪放
派"的特点大体
是创作视野较为
广阔，气象恢宏
雄放，喜用诗文
的手法、句法写
词，语词宏博，
用事较多，不拘
守音律。

生之由来

生庚生肖与寿诞礼俗

宋代著名词人辛弃疾十分喜爱比他年龄小得多的妻子，在老年时经常为妻子做寿，厅堂上挂起寿星图，桌上摆置寿酒，儿女们还纷纷在她面前叩首跪拜。在宋代，赠送寿礼的风气已逐渐开始盛行。

唐宋时期已流行以诗词祝寿。专门为祝寿而写的诗歌大概从唐玄宗立"千秋节"算起。上表请立千秋节的名臣张说，曾为千秋节的祝寿乐典配写过6首《舞马词》和3首《舞马千秋万岁乐府词》。

在敦煌文书中，也发现了不少以长短句形式为玄宗千秋节所写的祝寿颂圣词。此风一开，便一发而不可收。据统计，《全宋词》中为祝寿而写的颂词竟约占了全部作品的九分之一，作者占了全部作者的四分之一。由此足见宋代寿礼中诗词所占比重之大，亦可见宋代祝寿礼仪活动之盛。

我国的祝寿礼仪发展到明清时期，其意义已突破了单纯的祈寿求祥，而与人们的娱乐、享受、炫耀等

《全宋词》 是我国近百年来最重要的古籍整理成果之一。宋词和唐诗均为我国古典诗的艺术高峰。清代所编的《全唐诗》是家喻户晓籍，又编出《全宋词》，堪称我国文学的双璧。全书共四册，荟萃宋代300年间的词作。

■祝寿风俗泥塑

紧密地结合在一起。寿礼的规模越来越大，费用也越来越高。

皇帝们的寿庆活动自然较前更为隆重。当时，皇帝的寿圣之日统称为"万寿节"，皇后的寿诞则统称为"千秋节"。

民间祝寿的排场也越来越大，贺礼赠送的规格也越来越高。明清时期祝寿活动中演戏唱曲之风很盛。皇帝万寿节时的戏剧演出活动最为隆重，京城内要搭设三层高的戏台，几百名儿童和演员分别扮作仙童、寿星、八仙等上台表演，有时还会扮成各种珍禽异兽登台亮相，渲染祝寿的喜庆气氛。

王公贵族人家做寿时也经常请戏班来演戏唱曲，上演一些具有吉祥喜庆意义的剧目。常演的戏曲有《五女拜寿》、《郭子仪上寿》、《寇莱公思亲罢宴》等。

总而言之，祝寿的准备是非常重要的，这代表了每一个人的祝福之心，和过寿人对祝寿之人的感激之情。

阅读链接

历史上也有皇帝并不赞成为自己的寿辰设定节日、举行庆祝活动的。如唐太宗李世民就反对属下为自己举行做寿活动。

据《唐实录》记载，646年十二月某日为唐太宗寿辰，但他没有像其他皇帝那样兴师动众地大办寿礼，反而十分感伤。在生日这一天，他想到父母因生育自己而付出了极大的辛劳，自己没有理由去吃喝玩乐、庆贺生日。

这显然是儒家的孝亲思想在起作用。儒家认为，愈是遇到生日，愈是要想到父母把自己生下来的艰辛。

贺寿堂充满浓浓厚意

在我国，每逢家中有人要祝寿了，往往要精心将寿堂布置一番。寿堂一般设在家中，平时的客厅或客堂就是祝寿时的寿堂。

厅堂四周要张灯结彩，陈列各种古玩、画轴与文物，厅堂中央的

■古代贺寿堂

■龟龄鹤寿灯

太师椅 我国古代家具中唯一用官职来命名的椅子。太师是官名，是尊贵、高雅的象征，我国古人认为，在同时代的椅类家具中，能被尊称为"太师椅"的，一定是椅类家具中的翘楚，也象征着坐在太师椅上的人的地位尊贵、受人敬仰。

案桌上，摆满寿桃、寿糕和吉祥植物等物品。案桌的中间置放着一个大香炉，内插长达一尺、宽至数寸的寿香，香体盘成一个大大的"寿"字。香炉旁边是一对蜡扦，上面插着重达一至三斤的蜡烛，烛体上绘有金色的"寿"字与各种彩色的吉祥图案。

厅堂正面的墙壁上，一定是一幅充满喜庆吉祥色彩的寿星图，图中的老寿星头部隆起，笑容可掬，一手拄拐杖，一手捧仙桃。如果是为妇女祝寿，也有挂年轻貌美、手提花篮或捧着仙桃的麻姑图像的。

有时，也挂上一幅书有一个大大的"寿"字图案。厅堂两侧还有高挂各种寿幛、寿联与寿屏的，大都为金色或红色的纸质、布质条幅，色彩极其艳丽，上面书写有各种祝贺长寿的文字。厅堂的正前方是案桌，供有各种寿礼。案桌的旁边还有两把沉重的太师椅，这是专为寿公寿婆准备的。到拜寿之时，寿公寿婆分别坐于东西两侧的太师椅上，接受堂前儿孙们的依次叩拜。

旧时北京地区的寿堂非常讲究气派，大户人家的堂上正面高悬红缎彩绣的"百寿图""一笔寿"，还有用"八仙"图案拼成的巨型"寿"字中堂，两旁是寿联，正中供一尊寿星或福、禄、寿三星，案前摆一副圆形蜡扦，高点寿烛。

另有一对梅花鹿形的花筒，用以插花。香炉顶盖上卧一头梅花鹿，嘴内叼一枝灵芝，谓之"百年草"。若是给女寿星做寿，堂上正面须悬挂绣有彩色或金色"五蝠捧寿"图案的红缎，前边供一尊麻姑，谓之"麻姑献寿"。

案上摆的蜡扦是一对对称的仙鹤，嘴里叼一朵莲花，花芯中出一根扦子，上插寿烛，谓之"仙鹤灯"。香炉顶盖上也有一只单腿独立的仙鹤叼一灵芝。供案的桌围子多为红地大金圆寿字或鹤、鹿、青松等彩色图案。

此外，按季节另设鲜桃、面鲜、点心各5碗，上插金寿字供花。还要在一对蜡扦底下各压一份黄钱、元宝、千张，下垂供案两旁。案前设红地毯或红毡子及拜垫。

一般小户人家的寿堂，则只是到香蜡铺请一份木

鹿 在古代被视为神物。古人认为，鹿能给人们带来吉祥幸福和长寿。作为美的象征，鹿与艺术有着不解之缘，历代壁画、绘画、雕塑、雕刻中都有鹿。现代的街心广场，庭院小区矗立着群鹿、独鹿、母子鹿、夫妻鹿的雕塑。一些商标、馆驿、店铺匾额也用鹿，是人们向往美好，企盼财运兴旺的心理反映。

115

祝福双全
寿诞礼俗

■古人拜寿蜡像

刻水色印刷的"本命延年寿星君"的神"祃"儿，夹在神纸夹子上，还要摆上寿桃、寿面，点上一对"大双包"红蜡，压一份敬神钱粮。

前往祝寿的亲友至寿堂行礼，照例是两揖三叩，主人则谦让一番。祝贺人如是晚辈，必须跪拜，并说些祝愿的吉祥话。受贺的座位设在供案旁边，照例是男左女右。

如遇平辈，受贺人则站起，做用手搀的动作，表示请对方免礼。对未成龄的小孩前来叩拜，还须适当给些喜钱。受贺者的晚辈八字排开，站在两旁，对往贺跪拜者逐一还礼。

在寿宴及堂会结束以后，"寿星"及其眷属亲友们还要齐聚寿堂，祭祀福禄寿三星或麻姑。在每个灯盘上放一盘用彩色灯花纸捻成的灯花儿，蘸上香油点燃。

灯花儿的数目按"寿星"的年龄计算，一岁一盏，但要多增加两盏，如60岁用62盏，70岁则用72盏，增加的两盏，一盏谓之"本命年"，一盏谓之"增寿年"。

首先由"寿星"上香，然后由子女及众亲友依次行跪拜礼，最后参加寿礼的每人托一灯盘，列队"送驾"，也叫"送灯花儿"，至大门外，将神祃、敬神钱粮焚化，庆寿典礼始告完成。

阅读链接

自古鹤就是公认的寿仙，长寿的象征，故有仙鹤的称呼，仙鹤也是道教神仙人物的坐骑。鹤，性情雅致，形态美丽，被称为"一品鸟"。除此之外，在我国传统文化中它跟仙、道、人的精神品格有着密切的关系。

鹤，雌雄相随，步行规矩，情笃而不淫，具有很高的德性，故古人多用翩翩然有君子之风的白鹤，比喻具有高尚品德的贤达之士，把修身洁行而有声誉的人称为"鹤鸣之士"。后世常以"鹤寿""鹤龄""鹤算"作为祝寿之词。

生日与祝寿的礼仪习俗

　　生日是人来到世上的纪念日，对本人具有特别的意义，因而庆贺生日颇为流行。而向别人祝寿，则成为社交活动的一项内容。

　　在我国为别人祝寿，即"上寿"的风气开始很早。金文中就有多种写法的寿字出现，可见商周时期已有了祝寿的活动。但当时祝寿并

■福寿三多年画

《十驾斋养新录》 清代史学家、汉学家钱大昕所著的学术札记，涉及经学、小学、史学、官制、地理、姓氏、典籍、词章、术数、儒术等诸多领域。其考镜源流，匡辨伪证，索微烛幽、"皆精确中正之论"，为后人称赏，被学者视为典范。

不是固定在出生纪念日。

据清代钱大昕《十驾斋养新录》卷19考证，封建帝王确定在生日举行大型祝寿活动始于唐代。

729年农历八月，唐玄宗置酒宴招待群臣，庆祝自己的生日。宴会后，尚书左丞相源乾曜、右丞相张说率文武百官上表，请以玄宗生日八月五日那天为"千秋节"。

此后，唐代皇帝不但在生日祝寿，而且除唐德宗外，都为生日取了专用的名称。如唐肃宗生日叫"天成地平节"，唐武宗生日叫"庆阳节"，唐宣宗生日叫"寿昌节"，唐昭宗生日叫"嘉会节"等等。

唐代自唐玄宗始，每逢皇帝生日全国都休假3日举行庆祝活动，"朝野同欢"。在京城，群臣向皇帝祝寿，献上甘露、醇酎和"万岁寿酒"。各道节度使为博得皇帝欢心，则献上大量珍物宝玩。京城以外的官吏百姓也要"作寿酒宴"，庆贺皇帝的生日。

据《宋史·礼志》载，1012年11月，宰相王旦生

■ 宋高宗《宴会清河王府图》局部

■宋高宗《宴会清河王府图》局部

日，宋真宗诏赐羊30头、酒50壶、米面各20斛，允许摆宴、奏乐，大加庆贺。除宰相外，宋代亲王及皇帝宠爱的官僚每逢生日，皇帝都赏赐礼物以示祝贺。

由于封建帝王的倡导，上行下效，各级官僚借送生日贺礼之机拉关系、交权贵，在宋代成为普遍的风气。南宋李心传的《建炎以来系年要录》载，在奸臣秦桧擅权时，"四方皆以其生日致馈。其后州郡监司率受此礼，极其僭侈"。以至于1156年，为刹僭侈之风，宋高宗还曾下诏，禁止在职官吏过生日收贺礼。但从各种文献记载看，这道禁令并没有起太大作用，其后送生日贺礼之风仍然盛行。

宋代除生日送财物外，还有生日献诗词的风气。大文学家苏轼《东坡全集》中就有多首祝贺生日的诗，如《表弟程德孺生日诗》等。明清时期，还有以绘有寿星的画轴作为生日贺礼的。不过，据清代学者钱大昕《十驾斋养新录》卷19载，当时风气是"只受文字，其画却回，但为礼数而已"。而且画轴常常并不打开就退回，故而还出现了"无寿星画者，但有它画轴"，就用"红绣囊缄之"以滥竽充数的现象。

《十驾斋养新录》就记有这样的事例。当时有一名叫王安礼的州官过生日，其属吏依照礼节送上许多画轴。王安礼忽然心血来潮，命令将所有的画轴均启封，展开挂在厅堂中，以显示生日之隆重。但当他兴高采烈地率领众来宾参观这些礼品时，才发现画轴中有画着佛像的，有绘着鬼神的，更有甚者图上竟是两只猫，真是令人哭笑不得。

祝寿一般是在生日当天，家属及宗族、戚友都要行拜礼并颂念祝贺言词，故又称为"拜寿"。也有在前一天晚上就去贺寿的，称为"预祝"。如有人在生日的第二天前往贺寿，则叫作"补祝"。

还有一种特殊的情况，古代还盛行为已经去世的祖父母或父母在他们诞辰纪念日"称觞祝寿"，叫作"冥寿""阴寿"或"冥庆""阴庆"。据清代廉吏范祖述《杭俗遗风》载，冥寿之礼，大体如同为生者做寿。凡在家中做冥寿，子孙要身穿彩服，设置寿堂，宗族及亲友登堂拜祝。

冥寿礼品不得送对联，可送寿屏、寿轴。送寿轴者，上书"仙山不老，佛国长存"等字样，也有单写一个"庆"字的。如送桃、糕、烛、面之类，须加纸元宝10副、糖茶两杯，而不送鞋袜。

古代寿堂

家中冥庆不拜忏，酒席荤、素均可，以素席为多。如在寺院做阴寿，则必须拜忏，或一日、或三日、或七日不等，以圆满之日为正日。更为隆重者，要拜水陆道场，由49个和尚拜忏七七四十九天。

事毕，阴寿者牌位可放入寺院中的根本堂，以承受香火。做冥寿表达了人们对已故先人的怀念。其习俗一直延续下来。

寿诞礼仪的基础，源于较独特文化信仰传统。我国古代所谓"五福"，讲的是五种人生理想。民间的说法是福、禄、寿、喜、财。

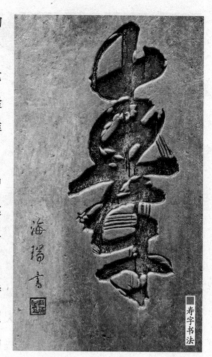
■寿字书法

在古籍中，"五福"说法略有不同，寿排在五福之首。我国最早史书《尚书·洪范》说：

> 五福，一曰寿，二曰福，三曰康宁，四曰攸好德，五曰
> 考终命。

不仅寿居首位，而且其他几福也多与此有关，比如康宁、考终命。古人解释，考终命为"皆生姣好以至老也"，与此有一定关系。

可见，人的一生，寿是至关重要的。正是基于上述观念，古人都十分重视寿龄。在古代文献资料中，这方面的记载不计其数。人们不仅在现实生活领域千方百计地寻求、实践长寿之道，也苦心孤诣地在信仰、礼仪生活里创造、应用长寿之术。

寿字匾

蓍比南山

福如東海

　　首先，人们创造了祝福、庆贺长寿的礼仪，这就是寿礼。其次，人们根据社会价值观等赋予一些行为以特定的意义，比如拣佛头儿上寿，对人弄刀折寿等，从而趋利就福、远祸避患。

　　再次，人们还创造了寿星这样一位吉祥人物，时常加以寿礼，并把寿字用许多形体写出来，组成"百寿图"。还择定许多长寿的象征物，入诗入画，借以寄托长寿愿望。所有这些都构成了我国传统寿诞礼俗的丰富画卷，而其中寿礼最为突出。

　　寿礼也叫"过生日"，此外还有"做寿""祝寿""庆寿""贺寿"等名称。特定年龄又有特定称呼，如"庆八十""贺六十""古稀之寿"等。

　　传统寿礼有一套仪规。先要设寿堂，摆寿烛，挂寿幛，铺排陈设，张灯结彩，布置一新。到了生日那天，寿堂正中设寿星老人之位，司仪主持仪式，亲友、晚辈都要来上寿。辈分不同，礼数有别。平辈往往只是一作揖，子侄辈则为四拜。有的并不设寿翁，客人只是到寿堂礼拜，而由儿孙辈齐集堂前还礼。

当然平常人家也有不设寿堂，只设寿案的。旧时北京这情形时，多是到香蜡铺请一份木刻水印的"本命延年寿星君"的神马儿，夹在神夹子上，头前摆上寿桃、寿面，点上一对红蜡，压一份敬神钱粮而已。

寿筵是寿礼的重要一环，主家往往大开宴席，款待来客。宴席的馔肴不外乎鸡鸭鱼肉、山珍海味，但少不了的是面，俗称"长寿面"。

贺寿的来客都要携带寿礼，诸如寿桃、寿糕、寿面、寿烛、寿屏、寿幛、寿联、寿画、寿彩、万年伞等。这些礼品中但凡能缀饰、点画图案的，一般都要加上一些象征长寿的图案等。

此外，各地又有独具特色和意蕴的礼品。山东掖县出嫁的女儿回娘家为父亲祝寿，一定要做5个祝寿馎馎一摞，然后再加一个，一摞祝寿，另外一个供寿星。蚕乡浙江海宁则要给老人做绸衣、绸裤、绸面鞋子，用抽不尽的蚕丝祝福老人长寿绵绵。

民间信仰是建立寿诞礼仪的基础，因此在某些方面有其独特之处。比如壮族寿礼，举行寿礼时晚辈要用猪肉、鸡来祭祖先，有的地方还要请师公念经。行礼之后，大家还要簇拥着老人唱"祝寿歌"。

土家族的寿礼，其仪俗和寿星的年龄大小有关系。60花甲的寿礼一般就比较隆重了，亲友都要送礼

作揖 我国古人见面时的一种行礼形式，两手抱拳高拱，身子略弯，表示向人敬礼。据考证作揖大约起源于周代以前。这种礼节要求两手松松抱拳重叠，右手覆左手，在胸前右下侧上下移动，同时略作鞠躬的姿势。这种礼节在京津地区，直到20世纪五六十年代依然保存，在年节、祝寿等庄重场合使用。

123

祝福双全

寿诞礼俗

■寿堂寿桃寿幛

■ 刺绣寿幛

生之由来

生庚生肖与寿诞礼俗

族谱 又称家乘、祖谱、宗谱等。是以记载父系家族世系人物为中心，是由记载古代帝王诸侯世系、事迹而逐渐演变来的。家谱是一种特殊的文献，就其内容而言，是我国五千年文明史中最具有平民特色的文献，记载的是同宗共祖血缘集团世系人物和事迹等方面情况的历史图籍。

品来祝寿。其礼品除一般食物以外，还要有面和鱼，面称"寿面"，鱼则象征"百岁有余"，此外还送寿幛、寿匾、彩对、福禄寿喜星图或瓷像。

若是百岁大寿，则不论平时交往疏密，人们都慕名前来祝寿，因为"山中虽有千年树，世上难逢百岁人"。大家还要为寿星立碑刻传，宗族还要将此事书于族谱，主家也要向来宾馈赠礼品等。

寿诞礼仪的许多仪式是建立在民间信仰基础上的，了解这些俗信，对于理解寿诞仪式有着不可忽视的作用。关于人的寿命的俗信很多，诸如：一些地区小孩10岁的生日由外婆家给做，称"爱子寿"；青年20岁的生日由岳父家做。"做九不做十"，即逢整十时在虚岁数九的那年做寿。有的地方"男不做十，女不做九"，"十""九"和当地方言"贼""鸠"谐音，故不做。40岁不做，因"四"与"死"谐音。

还有做冥寿的，也叫做阴寿，指祖先亡故以后，每逢整十，子孙就设神像或神位于堂中，对之行礼，设坛延僧，诵经礼忏；以此表示后人的孝念。冥寿亲戚朋友有送纸扎锭者，也有登堂拜祝的。

人们相信行善积德延年益寿，扶贫济弱、修桥补路都可以积德。不过，这做起来并不容易，所以就产生了可以积寿、增寿的象征性行为，诸如诵经礼忏、焚香祷告、庙观施舍、放生动物、抄写经卷等。

壮族则有"添寿"之举。旧时不少地方年过五六十岁的人都有寿米缸，平时总要在缸中放上几斤米，不能断，表示延年益寿。每年到新节，儿女们要选上好的白米，倒入缸中"添寿"，亦称"养缸"。缸里面的米平时不能动，只有做寿时才能舀一些出来煮干饭，敬给老人，表示儿女祝愿老人健康长寿。

民间信仰认为，寿命在天，寿数有定，该活多大年纪就能活多大年纪。因此，寿数就像个人财产一样可以出借和转让。"借寿"仪俗就建立在这种信念基础之上的。凡家人有病，医治无效，深知没有活命可能的时候，人们便认为此人寿到，只能借寿给他，以求延寿。

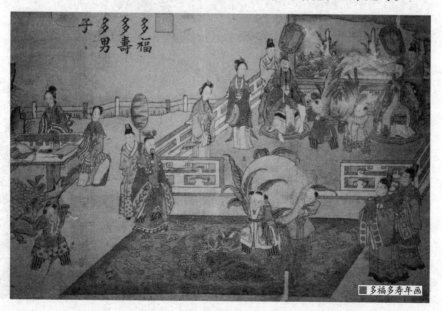

多福多寿年画

出借寿数的多是病人的子女或亲戚至友，并且必须自觉自愿，否则不会灵验。借寿时，出借寿数者要斋戒沐浴，虔诚拜祷，祈求老天爷允许借寿。如果病人出乎意料地转危为安，人们就认为老天已经准许借寿，因此要焚香许愿，答谢苍天。

我国民间习惯以百岁为上寿，80岁为中寿，60岁为下寿。从60岁开始，各地风俗每逢五、逢十，或者逢九就为当事者举行祝寿活动。

按照旧俗，每个人并不是生下来就可以有资格做寿的，做寿是一件极其重要而慎重的事，所以第一次做寿就更是慎之又慎。

在许多地方，第一次做寿都是由丈母娘来操办的。在四川西部，这叫做"开寿"；在福建、浙江一带则叫作"女婿寿"。大体情况是，在女婿婚后第一次过生日或女婿满30岁生日时，岳父岳母带着礼品到女婿家去贺寿。所带礼品有黄鱼、猪肉5千克，米酒2瓶，面条5千克，衣服2套以及桂圆、枣子、橘子等。

这些礼品各有各的含义：鱼象征"富贵有余"，米酒象征"粮食

充足"，面条象征"长命百岁"，衣服象征女儿"有依靠"，桂圆、枣子寓意"早生贵子"，橘子象征"大吉大利"等。

女婿收到礼物后，要以长寿面和果品、糕饼等回敬岳父岳母，敬祝岳父岳母健康长寿。在四川等地，女婿则打酒、割肉、买菜来款待岳父岳母。

传统做寿礼俗很多。花甲寿是指60岁时做的寿。人们认为，活满一个甲子，就相当于过完了天地宇宙和人生的一个完整周期。所以，民间特别重视庆贺花甲寿诞，礼仪比普通的寿礼更为隆重。

六六寿是长江下游各省流行的一种专为年满66岁的老人做寿的寿诞习俗。当父亲或母亲年满66岁时，出嫁女儿要为自己父亲或母亲做寿。在这一天，女儿将猪腿肉切成66小块，形如豆瓣，俗称"豆瓣肉"，

焚香 我国焚香习俗起源很早，古人为了驱逐蚊虫，去除生活环境中的浊气，便将一些带有特殊气味的植物放在火焰中烟熏火燎，这就是最初的焚香。在古代有原始崇拜与巫术等崇神信奉，认为一切都是神的恩赐，对神极度敬仰和崇拜。久而久之焚香就被神化了，随后焚香变得既庄严又神圣。

祝福双全

寿诞礼俗

■古代祝寿图

红烧以后，盖在一碗大米饭上，连同一双筷子一齐放在篮子内，上面用一块红布盖上，由女儿女婿送给父亲或母亲品尝。肉块多，寓意老人多福多寿。父母在鞭炮声中高高兴兴地美餐一顿。江南地区有"六十六，女儿家中吃碗肉"的谚语，就是指的这一习俗。

古稀寿特指70岁时的寿诞，因为唐代大诗人杜甫《曲江》诗里有"酒债寻常行处有，人生七十古来稀"的诗句，所以人们把70岁叫作古稀之年，把70岁生日做的寿诞叫作古稀寿。

过大寿是指从60岁生日开始，凡逢整十如60、70、80岁生日时举行的寿礼，都叫"过大寿"，同时也特指老人80岁生日时举行的寿礼庆典，所以又叫"庆八十"，是流行在大多数地区的一种寿诞风俗。

人活到80岁，便被人们誉为老寿星，80岁做生日是大庆，届时子女亲友都来贺寿，送来寿幛、寿烛、寿桃、寿面、寿联等，同时设寿堂，张灯结彩，接受晚辈和亲友的叩拜、祝贺。礼毕，共享寿宴。

阅读链接

过生日源于一个民间传说：有个少年家境贫寒，和年过七旬的老母亲相依为命。一次，少年突然得了一种不知名重病，家里无钱医治。眼看奄奄一息之际，有人告诉了他一个方法，称某月某日，"八仙"将路过此地，可备上酒水以求他们帮助。少年依计行事，果然见到了"八仙"，治好了怪病。

"八仙"临别时告诉少年说："今日是你再生之日，此后每年今日予以庆祝，定可长寿。"消息传开后，过生日置酒请客逐渐成为了一种习俗，流传开来。

做九不做十的民间习俗

据说"八仙"之一的张果老，一天倒骑着毛驴来到花果山，路遇一砍柴的后生，仔细一瞧，十分惊讶，对他说："小伙子，别砍柴了，你的寿数已尽，是明天午时三刻，快回去准备吧。"

这个砍柴的后生名叫王儿，当他得知老头是神仙张果老时，就双膝跪地，求大仙救命，说家中有年迈老母需要侍奉。张果老被他说得心软，就如此这般地设下一计，叫王儿去照办。

第二天，张果老邀集众仙及十殿阎罗，去花果山水帘洞孙悟空那里喝酒。来到花果山上空，只见半山腰摆着一桌丰盛的酒席，并无一人。

古代贺寿礼品

众仙禁不住酒香的诱惑，按下云头，不管三七二十一，围桌畅饮。酒至半酣，张果老将手在空中摆了三下，躲在树丛中的王儿便走了出来，说道："诸位，我这桌酒席是摆给天神和阎王爷吃，好为我添寿的，现在你们将它吃了，这便如何是好？"

众仙听了，不禁面面相觑，一时无言以对。这时张果老故意问道："你年纪轻轻，求的什么寿？"接着叫阎罗取出生死簿来查看，一看，果然写明王儿只布19岁阳寿，恰好今日午时三刻寿终。

众仙大惊，张果老叫阎罗帮忙改一改，阎罗怕违犯天条，不敢答应，但又禁不住众仙纷纷劝说，又加上吃了人家求寿酒，只好在十九前面加了个"九"字，于是，那个王儿活到了99岁。

后来，民间就把这个故事逐渐演化成了逢"九"做寿可延年益寿的习俗。

遇到"明九"，如59，69，79，或"暗九"，如63、72、81时，有些地方还要请和尚、道士来念经做道场，以求安全度关。

九螭钮寿山石印

我国民间在举行祝寿活动的时候，往往有做"九"不做"十"、做虚不做实的习俗。本来遇到50、60、70和80、90等整十岁寿辰时，是最值得庆贺和纪念的日子。但民间却往往将其提前到49、59、69、79、89岁时来举行隆重的祝寿仪式，到了整十岁生日时，则反而无所表示。

■寿字沉香鎏金扳指

这是因为，在我国传统观念中，认为"十全为满，满则招损"，"十"反而有着到头、到顶的意思，做了整十岁的生日，似乎就意味着已将寿做完，这当然是很不吉利的。

因此，人们往往将整十岁的寿辰提前到虚岁逢九的寿辰来做，以表示寿还远没有尽头。此外，"九"在我国人的心目中是一个吉利的数字，"九"与"久"相谐，寓有生命长久、时日持久等意，因此十分适合庆贺、纪念。

此外，在我国民间还有"做三不做四"的习俗。俗语云"贺三不贺四，贺四要淘气""活人不拜四十，死人不拜四七"，这当然是因为"四"与"死"谐音，是一个不吉利的数字，所以40岁寿辰是不应该大肆渲染庆贺的。

还有一种说法认为"男不做三十，女不做四十"，男到30岁，刚到而立之年，年纪尚轻，无须做寿。

阎王 又叫"阎摩罗王""阎魔王"等，为缚、捆绑、捉拿有罪过之人的神。他能判决人的生前之罪，并加以惩罚。阎罗王的职责是统领阴间的诸神，审判人生前的行为并给予相应的惩罚。在佛教中，阎王信仰有很多各自不同但互相联系的说法，比如"平等王""双王"等。

■ 和尚诵经贺寿

哈达 蒙古族藏族人民作为礼仪用的丝织品，是社交活动中的必备品。哈达类似于古代汉族的礼帛。蒙古族人和藏族人表示敬意和祝贺用的长条丝巾或纱巾，多为白色、蓝色，也有黄色等。此外，还有五彩哈达，是最珍贵的礼物。

而女的上了30，已经"老"了，所以要做，但到了40岁，真的老了，又怕人家说老，所以不做。另有一种说法，"三"和"散""四"和"死"谐音，不吉利，不做是为了回避。那么，女做三十、男做四十，就不怕"散"和"死"吗？

这又有了另外一种解说，说妇女做了"三"就不怕"散"了，男做了"四"，就破了法，该死的也不会死了，这种左右逢源的自圆其说，自然也是为了图吉利、求长寿罢了。

旧时在北京地区，把73或84岁看作"大坎儿"，有钱人家过生日时，一定要大办三天。头天为庆寿，正日子为诞辰，第三天为祝寿。

正日子要举行一个礼佛仪式，旧传"孔圣人活了73岁，佛祖活了84岁"，自己与圣人或佛祖齐寿，所以要礼佛，要请僧众来念寿经。出于对生命的敬畏和珍重，我国民间有了安度寿关的说法。俗话说：

人活五十五，阎王数一数；

六十六，天皇老子吃块肉；

七十三、八十四，阎王叫你商量事。

旧时流传的这些俗语，表明人到了55、66、73、84这些岁数，就像是到了生命进程中的关口，也即"寿关"，阎王要来向你索命，生命会很难持久。

此外，还有"明九"和"暗九"的说法，"明九"是指带"九"字的年龄数，"暗九"是指"九"的倍数年龄，认为这些带有九或九的倍数的岁数，都是人生的关口。为顺利渡关，世俗认为必须采取各种手段进行禳解，才能安全度过，保住生命。

求寿是旧时流行于我国各民族之间的一种宗教色彩较为浓厚的习俗。民间认为，寿命虽由天定，但通过求神拜佛，可以延年益寿。

汉族有借寿之俗。在世俗的观念中，人的寿数也如同物品一样可以借用。为了延长病危亲长的寿命，子女们往往自愿将寿数出借，方法是在斋戒沐浴后祷告苍天，愿减去自己寿命若干年岁，把它借给亲长延长寿命，以此表达孝心。

青海地区的藏族有"念刚索"习俗。这是一种为老人念活经的活动。在念刚索之前，须准备充足的酥油、糌粑、青油、桑切、哈达之类。在念经的前一日，从巷道、院内、廊庑到堂屋内，都要铺上毡或毯子，家道富裕的人家，墙上要挂"贤布"等，遮住所有的墙土。

■掐丝珐琅寿字如意

■藏族同胞祝寿仪式

　　一般人家或用毯子掩盖，或用红布、花布之类罩住；最差的人家也得用纸糊掉，入门不准见土。念刚索之日，要点千盏酥油灯。

　　所请念经僧人，通常为八个左右。所诵之经，一般为祝福增寿、子女报恩、来世入天堂之类的祈祷性经文。念经时，老人专在一堂屋内静坐饮茶，接受儿孙亲友的叩拜，念经间歇时，也到经堂去拜神佛。当地人以为这样就可以增福添寿，颐养天年。

阅
读
链
接

　　我国各地为老人过66岁生日时，有许多非常讲究的习俗。这些习俗，表达了人们心中的一种祝愿。

　　浙江地区有一种习俗，在为老人烹制的66块猪肉中，要先拿出两块，一块敬天，一块敬地，其余的再给父母享用。北京地区的人们在过66岁生日时，要杀猪宰羊并将肉拿到路上散发给众人，意味着已经"掉"了一块肉，就可以免除真的掉肉了。在为父母做66岁生日时，还有女儿赠送红色衣裤、红色腰带等给父母，表示以正压邪、以吉驱凶。

寿联是高雅的祝寿礼品

在我国传统社会中，遇到亲朋好友寿诞时，尤其是具有较高学识修养的文人学者之间，送上一副寿联，既表达撰写者的祝寿心愿，也称颂寿星的生平业绩，是一种颇为高雅的祝寿礼品。

寿联作为对联中的一种特殊类型，除了具有对联讲究平仄和对仗的一般要求外，还具有内容、作用专一的特色。寿联大都写在裱糊过的字轴上，形制为上下两联，每联少则四字，多则几十字不等。

■厅堂寿联

寿联分自寿联和贺寿联两种。自己为自己撰写的寿联称自寿联，他人为寿星撰写的则叫贺寿联。

自寿联内容往往多诙谐，以自嘲的笔墨写出，妙趣横生，或感慨人生得失，或抒发志趣情怀，具有鲜明，突出的个性。自寿联要写得既雅有文采，又恰如其分，实在不是一件容易的事情。

历代自寿联中较有名的，是清代郑板桥的60岁自寿联：

常如做客，何问康宁，便使囊有余钱，瓮有余酿，釜有余粮，取数页赏心旧纸，放浪吟哦，心要阔，皮要顽，五官灵动胜千官，过到六旬犹少。

定欲成仙，空生烦恼，只令耳无俗声，眼无俗物，胸无俗事，将几枝随意新花，纵横穿插，睡得迟，起得早，一日清闲似两日，算来百岁已多。

郑板桥以诗、书、画"三绝"闻名于世。此联共104字，如行云流

生之由来

生庚生肖与寿诞礼俗

■李鸿章官邸寿联

水般的一气呵成。联语直抒胸臆，质朴中略带幽默和调侃，表达了他为人的豁达和随遇而安，读来令人忍俊不禁。

传统的贺寿联一般以恭维客套话居多，如"寿比南山"，"福如东海"之类。一副出色的贺寿联，往往写出贺者的真情和受贺者的特点。或赞其职业，或赞其品格，或赞其特殊的功德。如果没有对被贺者的深切了解和深厚的文学功底、高超的语言驾驭能力，是很难产生佳作的。

寿联中还常常嵌入数字，或运用"花甲""古稀""幼学"等典故，巧妙地将被祝寿的年龄包含其中，读来饶有趣味。

如在清乾隆皇帝的80岁寿庆上，纪晓岚献上的寿联是：

八千为春，八千为秋，八方向化八风和，庆圣寿，八旬逢八月。

五数合天，五数合地，五世同堂五福备，正昌期，五十有五年。

■瑶池祝寿墨图

乾隆看后高兴不已，赏他白银千两。原来这一年既是乾隆80寿诞，又是他即位第五十五年。上联贺乾隆八十寿辰，连用六个"八"字；下联写乾隆即位年数，紧紧扣住"五"字，全联气势酣畅，巧妙无比。

传说南宋著名词人李清照与她丈夫、金石学家赵明诚，一次参加一位老寿星的150岁寿宴，众人推举李清照夫妇做贺寿联。赵明诚立即吟出上联：

花甲重逢，又增而立岁月。

"花甲"为60岁，"重逢"则是120岁；"而立"为30岁，两数相加，正好150岁。众客正喝彩时，李清照的下联也已吟出：

古稀双庆，复添幼学青春

"古稀"为70岁，"双庆"自然是140岁；"幼学"是10岁，加在一起，也是150岁。上、下联可谓珠联璧合，天衣无缝。

我国民间传统寿联内容最为多见的，是祈祝长寿。如"松龄长岁月，鹤算纪春秋""海屋仙筹添鹤

李清照（1084—1155），字易安，号易安居士，宋代女词人，婉约词派代表，有"千古第一才女"之称。能诗，留存不多，部分篇章感时咏史，情辞慷慨，与其词风不同。有《易安居士文集》《易安词》，已散逸。后人有《漱玉词》辑本。

算，华堂春酒宴蟠桃"；有庆贺双寿的，如"蓬岛真人瑶池仙子，家庭全福天上双星""年享高龄椿萱并茂，时逢盛世兰桂齐芳"；有庆贺八十寿诞的，如"盘献双桃岁熟三千甲子，箕衍五福庚同八十春秋"；百岁寿诞的，如"人瑞同称耀联弧痕，天龄永享庆溢期颐"等。

寿联的词语一般须根据寿者的性别、年龄作相应变动，如送给男性的，大多用"松柏""北斗""南山""泰岱""鹏程"等，以表现男性的刚强坚韧；送给女性的，则多用"瑶池""王母""萱草""婆彩"等，以赞美女性的柔美温和。

举行寿庆的时候，柬帖也是不可或缺的，寿庆柬帖通常都是由子孙或亲友具名的，不能自己具名。父寿用"家严"或"家父"字样，母寿用"家慈"或"家母"字样，双寿则用"家严"和"家慈"字样并列。兄弟众多的，可由长子或推兄弟中对外最有声誉的代表具名，数代同堂者也可用"率子孙鞠躬"字样，不必全体连署。

旧时人们在祝寿的时候，经常要举行敬神祭祖的活动，要向神灵献上各种礼品，也就是所谓的"神礼"。其中最有代表性的，就是寿香与寿烛。就算是在祝寿时不敬神祭祖，也往往要在寿堂的供桌上插

柬帖 对用简短的言词书写成的信札、书柬、请柬、名帖等等的一种统称。一般对写在木片上的文辞称"札"或"牍"，对写在竹片上的文辞称"简"，对写在布帛上的文辞称"帖"。书写于简的长篇之作，将干"简"编缀成"册"，书写在布帛上的长篇之作连成"卷"。

■寿联

上寿香，点上寿烛，以渲染吉祥欢乐的气氛。

寿香是以木屑加香料制作而成的，有的香体形状是一个连笔写成的"寿"，可高达一尺左右。将寿香插在香炉内，点燃以后，清香扑鼻，烟雾缭绕，将寿堂衬托得更加庄严神圣。

寿烛以石蜡与油脂为原料制作而成，颜色深红，烛体上写有一些富有吉祥意义的硕大金字，如"寿比南山""福如东海"等，也有烫上金色的"寿"字及其他花纹的。

寿金就是用来作为寿礼的钱。寿金的最大特点，是可以不受时间和使用的局限。据《史记》等史书记载，汉武帝时的大将卫青曾经献五百金为王夫人做寿，严仲子也曾奉以黄金百镒为母亲做寿。

明清以后，祝寿送礼金的风气逐渐盛行起来，并且出现了以钱币为主的礼金赠送形式。人们在向寿者赠送礼金时，一般都要将其装入一个印有红签条的信封中，信封上还要写上一些祝贺性的吉利语，诸如"华诞之喜""彭祖同庆""福寿康宁""寿比南山""蟠桃献瑞"等。比较简单的，也有只写"寿仪"或"贺仪"两字的。

后来，做生日时馈赠寿金的形式越来越受到人们的欢迎。寿金以它的灵活方便、流通性强、可不受时空限制地使用等优点，成为贺寿送礼的最佳选择。

阅读链接

在我国古时有一种十二时盘，盘四周围以十二生肖图案。宋代陶谷《清异录·器具》记载："唐库有一盘，色正黄，圆三尺，四周有物象。元和中，偶用之，觉逐时物象变更。且如辰时，花草间皆戏龙，转巳则为蛇，转午则成马矣，因号'十二时盘'。"

此盘的十二种生肖图形，随时辰的变化而变换图案，转到巳时出现蛇图案，转到午时则出现马的图案。

完善的祝寿礼仪和过程

　　公元前219年，秦始皇第二次出巡，大队人马在泰山封禅刻石，又浩浩荡荡前往渤海。抵达海边之后，秦始皇登上芝罘岛，纵情观览。只见云海之间，山川人物时隐时现，蔚为壮观，令秦始皇心驰神往。

■徐福进谏秦始皇塑像

■寿堂摆设

徐福 字君房，秦朝时齐地人，当时的著名方士。他博学多才，通晓医学、天文、航海等知识。始皇帝在第一次巡游海上时，曾派徐福出海远航，徐福一去不返。《史记》中记载："徐福得平原广泽，止王不来。"徐福东渡的故事一直流传至今。

这种景象，本来是海市蜃楼，但方士为了迎合秦始皇企望长生的心理，就将其说成传说中的海上仙境。徐福乘机给秦始皇上书，说海中有蓬莱、方丈、赢洲三座仙山，有仙人居住，可以得到长生仙药。

秦始皇大为高兴，为了自己可以长寿不老，曾派方士徐福率童男童女各3000人，东渡入海寻求仙药。可见当时乞求长寿的愿望已经非常普及了。

为了迎合秦始皇赢政的这种心理，在当时还出现了献酒上寿的活动，虽然说那时候的献酒并不一定与特定的生日联系在一起，但由于活动本身具有"为人上寿"的特点，因此仍然可以说是祝寿礼仪的雏形。

至汉代，捧酒为寿。唐宋以后，皇帝寿诞日为自己制定了专门的节日进行祝贺。祈福求祥，盼望寿运长久，祖祖辈辈已约定俗成，由此也带来了隆重的祝寿风尚。

祝寿作为中华民族的一种优良传统，受历朝历代的推崇。上至帝王将相下至平民百姓，爱戴老人，追求长寿之事不乏其例。

民间自古也有尊老敬老的美德，给老人祝寿是其主要的表现形式。年高龄长者为寿，古人有"六十为寿，七十为耈，八十为耄，九十为耋，百岁为期"之称。

祝寿多从60岁开始，习惯以虚岁计算，而且老人父母均已过世。开始做寿后，不能间断，以示长寿。祝寿重视整数，如60岁、70岁、80岁等，逢十则要大庆。尤为重视80岁大寿，隆重庆祝老人高龄。

祝寿时，一般定于生日之日，要设寿堂，向被庆贺的长辈老人送"寿礼"，还要举行一定的拜寿仪式，参加寿宴等。由于家庭经济状况存在差异，祝寿的规模也不尽相同。但不论繁简厚薄，皆表达了儿女的一片孝心和祝福老人健康长寿的美好愿望。

寿堂设在家庭的正厅，是行拜寿礼的地方。堂上挂横联，主题为寿星的姓名和寿龄，中间高悬一个斗大"寿"字或"一笔寿"图，左右两边及下方为100个形体各异的福字，表示百福奉寿，福寿双全，希望老人"寿比南山高、福如东海大"。

两旁供福、禄、寿三星。有的奉南极仙翁、麻姑、王母、八仙等神仙寿星画像。有的还挂"千寿图""百寿图""祝寿图"等寿画，寿画

古代拜寿图

群仙贺寿图

中多以梅、桃、菊、松、柏、竹、鹤、锦鸡、寿带鸟为内容，以柏谐百，以竹谐祝，以鹤谐贺，象征长寿。

堂下铺红地毯，两旁寿屏、寿联，四周锦帐或寿彩做衬托。寿屏上面叙述寿星的生平、功德，显示老人德高望重，地位显贵。寿联题词内容多为四言吉语。堂屋正当中摆设有长条几、八仙桌、太师椅，两旁排列大座椅，披红色椅披，置红色椅垫，桌上摆放银器、瓷器，上面供奉寿酒、寿鱼、寿面、寿糕、寿果、寿桃等。

糕要尽量叠高，正好应了那句"寿比南山高"的祝词。祝寿的文章称寿文、寿诗等，都是一些赞颂溢美之词。

祝寿礼品多由家里子女后辈准备，寿礼品种丰富多样，因人而异。既有寿金，也有食品、衣物，食品要以老人平时喜欢吃的为主，但不能缺少寿桃、寿糕和面条。寿桃一般用面自己蒸制，也有用鲜桃的。

寿糕指寿礼糕点，多以面粉、糖及食用色素混合蒸制成形，饰以各种图案。为老人祝寿注重隆重、喜庆、团圆。寿庆当日，鸡鸣即起，家中举行拜寿仪式，亲朋好友携礼前来祝贺。

被祝寿老人为"寿星"，胸前戴红花，肩上披"花红"，也就是红色缎被面，仪式中总管、司仪、礼笔披红戴彩，寿星老人身穿新衣，朝南坐于寿堂之上，

■八仙祝寿摆件

接受亲友、晚辈的祝贺和叩拜，六亲长辈分尊卑男左女右坐旁席。

仪式全程由司仪主持，一切就位后，寿星命令"穿堂"，儿孙们按照顺序依次走过寿堂，司仪逐一报咏。拜寿开始，鸣炮奏乐，长子点寿灯，寿灯用红色蜡烛，按寿龄满十上一根。

接着邀请长辈即寿星的姑舅或叔父讲一点概括性的贺寿话语，长子致祝寿辞，千恩万谢老人养育之恩，深情赞颂老人一生功德，寿辞语言恳切，饱含热情。

叩拜时，先由长子长媳端酒上寿，寿星执酒离座，到堂前向外敬天，向内敬地，然后回座。两口拜也叫对对拜，顺序是儿子与儿媳上前先叩拜，再由女儿与女婿叩拜，接着侄儿媳、侄女婿、孙子媳、孙女婿、外孙子媳、外孙女婿等依次拜寿，没有结婚的孙子孙女以及重孙们举行集体团拜。

拜寿中，寿星给每位参拜者发一个小礼品，这叫"回礼"，孙子辈的发小红包。叩拜结束时，事先指定一孙男或孙女向寿星唱祝寿

■ 云锦寿幡

八仙桌 指桌面四边长度相等的、桌面较宽的方桌，大方桌四边，每边可坐二人，四边围坐八人，犹如八仙，故民间雅称八仙桌。八仙桌结构简单，用料经济，一件家具仅三个部件：腿、边、牙板。桌子的名称在五代时方才产生。现在可考的八仙桌至少在辽金时代就已经出现，明清盛行。

歌，寿星和颜悦色补赠礼品。叩拜仪式后，寿星以及姑亲还要讲些答谢或感受的话语，直至长子熄灭寿灯时祝寿才宣告结束。

众贺客来拜，寿星一般回避直接受拜。客到时，招待宾客向上堂空位拜揖，由子孙答拜。有的殷富人家祝寿时雇戏班演寿戏，戏班到家中庆贺，一般至深夜始散。

合龙口与拜寿是相辅相成的一项活动，一些祝寿人家将老人的寿材早早做好，待祝寿这天抬出，寿材上铺"花红"，放红线，线的一头拴银元或现金，寿星坐于棺材前，八仙桌上摆放水果，儿孙对面跪拜，三叩首后，木匠开始说喜或称道喜，"柏木长在深山崖，凿子把它砍下来，木匠将它做成材""制成香木房，阴司做厅堂"等，木匠拿起事先做好的擀杖，边卷"花红"边念叨，待十卷结束后，抽出擀杖赠送给寿星的长女。

这时，木匠握住笤帚，将棺材比作"龙体"，先扫龙头，再扫龙腰，后扫龙梢，口中念念有词："扫龙头，做王侯；扫龙腰，穿蟒袍，扫龙梢，财神到"等许多吉祥如意的语言。

然后，木匠把由核桃、花生、红枣、水果糖组成的"寿花",分别向东西南北方向抛撒,寓意金银满堂、糜谷满仓、儿孙健康、牛羊肥壮。

　　一切程序后,"龙口"也就是棺材口马上盖好,往后不得随意搬开,如果棺材盖打开了,老人寿终正寝的时间也就到了。

　　拜寿礼毕后,寿星要先吃长寿面,寿星吃完寿面后,寿星全家人都要吃一点,称为"暖寿"。寿面讲究又细又长,表示寿禄长久,盼望老人"富贵不回头"。

　　然后举行寿宴,寿星老人坐上席,与亲友后辈共饮寿酒。开头三碗上菜,都是长子跪下举过头送上餐桌,以示对客人的谢意。三碗后客人高呼换人,才由帮忙人上菜。宴席中,众儿孙举杯祝寿,寿星笑容满面,端杯示意。宴席桌上,美酒佳肴,觥筹交错,整个宴席场面,儿孙满堂,亲朋云集,天伦之乐,其乐融融。

阅读链接

　　徐三亭是福、禄、寿三星中的寿星原型,传说是河南濮阳县徐镇人。徐三亭乐善好施、爱帮助邻里,人们都尊称他为徐三爷。徐三爷帮邻居家看孩子,有一位大嫂在田里对另一位同村但相距较远的另外一家妇女说:"三爷这人真好,刚才又给我家看孩子去了。"另一位妇女说:"不会吧!三爷刚刚还在我家。"这事一传开,人们都以为徐三爷是个神仙。

　　徐三亭活了108岁,不食烟火,鹤发童颜,银髭过膝,平时种一桃园,只吃仙桃,不食饭菜。后归仙界,被封寿星。后人为纪念他,改烟城为徐镇,并定二月九日他生日这天举行香会公祭。

颂扬年高的吉祥百寿图

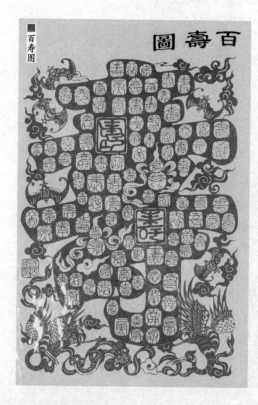

百寿图

相传在南宋的时候，有一个古县。居住在古县东边的百姓总是有各种关于田地浇灌的苦恼，很久都没有解决。古县新知县史渭到任后，带领一班差役四处走访，想找几位年纪大的老者了解情况。

史渭和差役们走着走着，看见一个在田间劳作的男子，看上去50多岁的样子。史渭走上前去，礼貌地问道："我是新上任的知县，有些关于田地浇灌的事

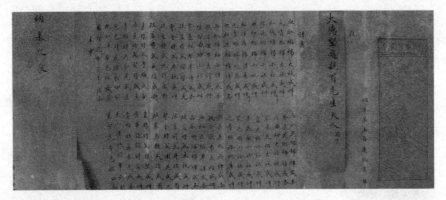

■古代拜寿礼单

情想请教一下，不知您可否赐教呢？"

那位50多岁的男子愣了一下，温和回答说："田地浇灌的事情，我还真是不知道，不如您问我家父吧。"说完，男子指了一下在不远的树荫下带着孩童玩的一名老者。

史渭随口问道："令尊高寿几何呢？"农夫回答说："已经80多岁了。"于是，史渭又走向那名皓首银发的八旬老者，问了同样的问题。

老者挠挠头说："真是惭愧呀，这件事情我也不了解呢。大人不如去问家父，他已经年逾期颐了，肯定会知道这些过往旧事的吧。"

史渭听到这名80岁的老者说出这话，心中暗暗称奇，赞叹这祖孙三代保养有方。

当史渭找到那名百岁老人时，天色已晚。史渭急忙问道："我是新上任的知县，有些关于古县过去的田地浇灌的事情想请教一下，烦请您一定帮忙。"

但是那名百岁老人嘿嘿一笑，说道："这样的事情我哪里会清楚呢？大人还是去问我的家父吧。"

史渭大吃一惊，脱口而出一句："什么？难道令

知县 一县的行政长官，在周朝时称县正，春秋时称宰、尹、公等。秦汉时，县拥有万户以上者称"县令"，不满万户者称为"县长"。宋朝时期常派遣朝官为县的长官，管理一县的行政，称"知县事"，简称知县，如当地驻有戍兵，并兼兵马都监或监押，兼管军事。元代县的主官政称县尹，明、清以知县为一县的正式长官，正七品，俗称"七品芝麻官"。

衙门 旧时称官署为衙门。其实衙门是由"牙门"转化而来的。衙门的别称是六扇门。猛兽的利牙，古时常用来象征武力。"牙门"系古代军事用语，是军旅营门的别称。营中还出现了旗杆端饰有兽牙、边缘剪裁成齿形的牙旗。于是，营门也被形象地称作"牙门"。

百岁老人摸摸已经白得发黄的头发，微微一笑说："那是自然。大人跟我来，我带您去见家父。"

史渭跟着老人上门敦请，进到三重草堂时，见到一个老翁端坐在堂前，童颜鹤发，已经有140多岁了。史渭目瞪口呆，问完田地浇灌的事情之后，就带着差役们回衙门了。

时间一长，史渭才发现，原来在古县，过百岁的老人有很多，像是前些日子偶遇的长寿家族，在当地也并不稀奇。

史渭大为感慨，为了纪念这件奇事，就请来当地的各位寿星各写一字，最终形成了《百寿图》。

"寿"，代表着年至高龄的人，是有福气的人。寿文化是我国国学的重要组成部分，《诗经》、《老子》等古典文献中有极其精辟的论述。经过几千年的发展，寿文化更加完善。

■百寿图

我国各族人民养成了丰富多彩的祝寿习俗，如60

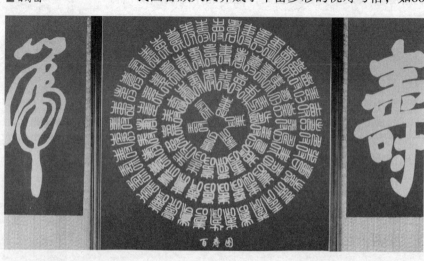
百寿图

岁称为初寿，80岁称为中寿，百岁则称为高寿。又如77岁称为喜寿，88岁称为米寿，99岁则称为白寿。

百寿图石刻

寿文化常见于书画中，画中男寿星的形象是白须老翁，头大额突，一手扶鹿杖，挂一宝葫芦，另一手托仙桃，身旁鹿鹤相伴，以喻长寿；女寿星则以《麻姑献寿》图中的麻姑为代表。

以寿为题材的书画也随处可见，"龟鹤延年""福寿满堂"都象征长寿吉祥。除书画外，大自然的日、月、山、川也被人们用来象征寿文化中的长寿，如"天长地久""江山不老""与日月同寿"和人们最常说的"福如东海""寿比南山"等。

不仅如此，连百姓日常生活也充满"寿"的寿文化情趣，饮的酒有长寿酒，吃的面有长寿面，宴席有长寿宴等，寿文化无处不在，给中华民族追求生命的长寿注入了美妙的活力。

人也寿、物也寿、山也寿、水也寿、吃也寿、玩也寿。我国对寿文化的追求，无时不在；我国的寿文化，无所不至。我国寿文化的重要内容是尊老、敬老。常体现在为寿星做寿上。于是，做寿也成了寿文化的亮丽风景。

《百寿图》是用100个不同形体的"寿"字所组成的图像，有圆形、方形或长方形数种；也有在一个大"寿"字中再写上一些小"寿"字的。

《百寿图》中的字体多为繁写，有篆体、隶书、楷书或几种字体混合兼用。经过不同形体"寿"字组合成的百寿图，往往能够产生一种独特的艺术效果，给人以富丽堂皇、意蕴深长的感觉。

《百寿图》是我国古代民间对长寿理想的一种寄托。因此，它总是被人们排列得整整齐齐，书写得端端正正，并且带有一种朦胧的神秘色彩。

《百寿图》从宋代以来就已作为稀世之宝、广为传颂。如果有人收藏了《百寿图》，必定会将其悬挂在堂中，顿然使门庭生辉、宾客争相观赏。要远行的商人或浮游宦海的人，更是把《百寿图》作为护佑身家平安的宝贝。

《百寿图》之所以成为世人尊崇的名胜，还在于它自身所特有的艺术价值。宋刻的《百寿图》是我国古代书法、摩崖石刻中的瑰宝。其中的大"寿"字，就集正、篆、隶、行四法为一体，四法交融，无懈可击，匠心独具而又酣畅自然，更显得庄重浑穆，古朴圆润，实在是罕见的杰作。而嵌在大寿字笔画中的一百个小寿字，更是珠玑并列，异彩纷呈。

《百寿图》不仅是颂扬年高的吉祥图案，又是我国文字、书法史的演变图，可以看作是华夏文明史的一个缩影。

阅读链接

《百寿图》中的寿字并不限于100种字体，用其他适当的字体也可以。其中，圆形的篆书字体为"圆寿字"，长方方形的则称为"长寿字"。《百寿图》还有用不同字体兼以绘画的形式，组成100个寿字的样式。其中除了象形、钟鼎、鸟文、小篆等各种字体外，还有绘刻如太极图、蝌蚪文、荷花、寿桃、葫芦等花样组成的"寿"字，集中了传统的"寿字大全"。

人们还将《百寿图》、花字体等不同形式的"寿"字图案组合起来，广泛用于建筑雕刻和衣料等方面。